"中南财经政法大学中央高校基本科研业务费专项资金
（项目批准号：2722021BZ050）"资助出版
Supported by "the Fundamental Research Funds for
the Central Universitues", Zhongnan University of
Economics and Law (Grant No. 2722021BZ050).

高校图书馆基础业务
现状与发展研究

林婧　著

WUHAN UNIVERSITY PRESS
武汉大学出版社

图书在版编目(CIP)数据

高校图书馆基础业务现状与发展研究/林婧著.—武汉：武汉大学
出版社,2022.12
ISBN 978-7-307-23458-1

Ⅰ.高…　Ⅱ.林…　Ⅲ.院校图书馆—图书馆发展—研究
Ⅳ.G258.6

中国版本图书馆 CIP 数据核字(2022)第 218109 号

责任编辑:黄金涛　　　责任校对:汪欣怡　　　版式设计:马　佳

出版发行:**武汉大学出版社**　　(430072　武昌　珞珈山)
　　　　　(电子邮箱:cbs22@whu.edu.cn　网址:www.wdp.com.cn)
印刷:武汉邮科印务有限公司
开本:720×1000　　1/16　　印张:11.5　　字数:163 千字　　插页:1
版次:2022 年 12 月第 1 版　　2022 年 12 月第 1 次印刷
ISBN 978-7-307-23458-1　　　定价:60.00 元

前　　言

随着我国经济的崛起，各个领域得到蓬勃发展，尤其是教育地位的逐步提高，促使我国图书馆事业也进入了高速发展阶段。图书馆工作的发展与创新在受到社会各界重视的情况下变得越来越重要，而各类图书馆的功能得到不断完善，也对社会发展有着不可忽视的意义。随着知识经济和信息化社会的迅速发展，作为广大师生获取知识、信息乃至知识创新重要阵地高校图书馆，将在知识型创新社会体系中发挥出特殊的作用。

图书馆是社会知识、信息保存与传递、扩散的重要机构之一，通过收集、整理和保存文献信息，图书馆实现思想、知识信息的交流，从而提高社会成员的文化教育水平，提高社会的科技实力和创新能力，促进社会经济的发展与社会进步。在知识经济时代，知识、信息成为社会发展重要的资源，知识管理、信息资源管理具有重要的意义。高校图书馆是高校的文献信息中心，是为教学和科研服务的学术性机构，是为学生增长知识提供优良的阅读环境的服务中心。应该认识到，高校图书馆不仅是"知识的集散地"，更是"学习和交流中心"。

面对信息化浪潮的冲击，传统图书馆馆舍的大小和馆藏的多少已不再是形成自身优势的全部因素，现代化技术手段的服务才是各个图书馆的优势所在，由此促使传统的管理机制、服务模式正在发生根本性的变化。

高校图书馆的服务兼具专业性与学术性，从服务内容、服务手段到服务方法，无不反映它的学术性质。高校图书馆的服务性和学术性是互相渗透，互相统一，紧密联系，不可分割的，二者不是互相平行，更不是互相对立的。高校图书馆应服务于学校的教学和科研，也应注重目标创新、服务创新和角色创新，使高校图书馆工作的意义充分显现出来，并在实践中得到不断发展。

　　本书是一本关于高校图书馆基础业务现状与发展研究的学术著作，主要分为高校图书馆基础工作现状与业务发展两部分内容，具体由高校图书馆概述、高校图书馆采编工作、高校图书馆阅读推广工作、高校图书馆读者服务工作、高校图书馆数字化建设、高校图书馆社会化服务、高校图书馆发展趋势等内容组成。本书以当前高校图书馆基本业务工作为基础，从多维角度研究高校图书馆的各个方面工作，并将留学生方面的服务融入其中，是作者经过一定学习、研究后的论述。

目　　录

第一章　高校图书馆概述

我国图书馆有着悠久的历史，但最初的称呼并不是"图书馆"，而是以"楼""斋""院""殿""台""观""阁""府"等命名，比如，西周时期有盟府，两汉时期有兰台、东观、石渠阁，隋唐时期有观文殿，宋代有崇文院，明代有澹生堂，清代有四库七阁等，"图书馆"属于外来语，是在日本明治维新后传入我国的。1904 年，中国最早的省级图书馆——湖南省图书馆成立，此后，我国图书馆如雨后春笋一般，蓬勃发展起来。随着图书馆增加，对各类图书馆也有了明确划分，其中的高校图书馆就是本书所要介绍的主要对象。

第一节　高校图书馆的特征与地位

一、高校图书馆的主要特征

根据学者对图书馆界定可知，高校图书馆是通过对图书资料的收集、整理、保存，使师生读者获得借阅、参考机会的机构。相较于其他类型的图书馆，高校图书馆工作的规律与特点有着自身的独特性，在收集、借阅文献信息资料的活动中，高校图书馆工作是以高校师生为中心开展的。

（一）服务对象：高校教师和学生

高校师生是高校图书馆的主要服务对象。当高校师生以读者的身份向高校图书馆获取信息时，由于其知识水平较高，要求高校图书馆收藏的文献资料必须具备一定的学术性与专业性，并且结合高校的自身特质与师生的专业方向，需要一定的外文文献服务于有需求的师生。随着时代的发展，高校图书馆不仅有充足的纸质文献资料，而且积攒了越来越多的电子文献资料，极大方便了师生对前沿研究资料的借阅。此外，对于高校图书馆的使用，有明显的时间规律，这是高校师生的作息规律导致的。比如，新学期开学后，原来的图书资料已经不能满足教学需求，这时，师生对新的图书资料的需求会有明显增多；学期的尾声阶段，学生为取得更好的成绩，会对复习资料有较大需求。为此，在收集与整理资料的过程中，高校图书馆应尽量结合师生的使用时间规律，从而更好地为高校教学科研工作服务。

（二）藏书量：数量多、品种全

相比于其他类型的图书馆，高校图书馆不仅藏书量大，而且涉及的内容极为广泛。同时，为了满足高校各个专业与学科的需求，不仅需要收集大量的国内优秀书刊，还会收集一定的国外优秀书刊。比如，截止到2016年，北京大学图书馆有800余万册纸质藏书，300余万册电子期刊、电子图书、各类数据库等国内外数字资源，还有150万册中文古籍，这些古籍的自身价值极高，在我国历史研究方面具有重要意义。截止到2019年12月，武汉大学图书馆有1844万册文献资源，687万册印刷型文献。其中，有18万册学位论文，91万册报刊合订本，560万册图书，18万件声像、地图、缩微资料。这些资料涉及了文、理、医、农、工等多个领域，学科覆盖程度极高，体现出鲜明的学术性与专业性。

（三）体系：专业体系全

根据上述可知，高校图书馆服务的主体是高校师生，为了满足高校师生的需求，高校图书馆必须具备全面的专业体系。在很多高校中，除了学校图书总馆，各个学院一般都会设立图书分馆或资料室，这一方式使得图书资料得到有效补充，不仅提高了对高校师生的针对性知识传递，还促进了兼具专业性与学术性的知识体系的形成。此外，在这些丰富藏书的支撑下，学校的教学科研工作能够更加顺利地开展。

二、高校图书馆的地位

地位指的是某一组织、机构或个人在社会关系中的定位，这种定位一般受到其作用的直接影响。而图书馆的地位指的是图书馆在社会经济发展中的定位及其发挥的作用。同理，高校图书馆的地位指的是高校图书馆在高校文化、教学、科研等方面发展中的定位及其发挥的作用。

随着国民经济的不断发展，为了适应日益增长的教学需要，我国高校已经发生多次变革，由于高校图书馆是高校的重要组成部门，并且对高校改革具有一定的促进作用，因而其重要性是不可忽视的。一方面，高校图书馆的馆藏资源丰富，不仅为高校师生的教学、科研、学校等工作提供了获取知识的渠道，还为高校教学科研工作的开展提供了知识积累保障；另一方面，高校图书馆承担着校园文化知识传播的责任。在高校中，图书馆的地位与重要性是不容忽视的，它为高校教学科研工作的开展提供了基础条件。首先，高校图书馆的文献资源丰富，并且拥有 Web of science、中国知网 CNKI、万方数据等数据库。其次，高校图书馆能够为高校师生的借阅资料提供场地。最后，高校图书馆能将优质的信息文献服务提供给高校师生，不仅对教师的教学与学生的学习至关重要，而且对高校的自身发展能够起到促进作用。因此，高校图书馆可以说是各大高校的必备要件。同时，高校图书馆的建设程度能够在很大程度上反映学校的综合实力与办学水平，它是高校文化实力的一部分。

根据《普通高等学校图书馆规程》的相关内容可以看出，高校图书馆带有明显的学术性，它是服务于科研学术的机构，能够对高校的学术水平与信息化做出相对理性的评价。此外，根据国家相关规定，高校图书馆不仅要服务于社会的物质文明建设，还要服务于社会的精神文明建设。因此，对于高校图书馆的重要性，应有充分的认识，注重其地位的提高。其一，应对高校图书馆培养全面发展人才的过程进行理性分析。其二，以国家总体的教育方针为出发点，在理解我国教育职能的基础上，将这种职能充分结合于高校图书馆的具体工作中。

总而言之，高校图书馆是服务于高校教学科研工作的机构，也是进行信息存储与传播的机构，既是信息传播的中转站，又是信息存储的中心。此外，高校图书馆是重要的教学辅助单位，也是高校课堂教学的延伸与补充，具有鲜明的综合性特征。

第二节　高校图书馆的性质

一、本质属性：服务科研教学的服务机构

对于任何一种事物，通过层层分析，都可以找出其本质属性与一般属性。本质属性指的是能够鲜明地反映出某一事物的属性，这一属性具有独特性，通过对本质属性的分析，外界能够在很大程度上对事物进行区分。对于图书馆而言，本质属性就是图书馆自身具备的显著特征，受到本质属性的影响，图书馆的机构、职能、服务方式、发展方向等会受到制约。

随着历史的变迁，人们对图书馆本质属性的认识是不断变化的。从中华人民共和国成立到改革开放这近30年时间内，学术界认为，阶级性是图书馆的本质属性，这种认识是时代的产物，虽然现在看来有失偏颇，但从当时的国情来看，这种认识未必有错。改革开放后，学术界对图书馆本质属性的认知发生了巨大改变，并且出现了不同的想法与观点。有学者认为，图书馆属于中介机构，其本质属性是借阅性；还有学者认为，图书馆是一种科学文化现象，当社会科学与文化发展到一定阶段后，图书馆必然会出现，而保存知识与传播知识就是其本质属性；有学者认为，图书馆之所以有存在的价值，是因为其本质属性是中介性。

近些年来，对于图书馆本质属性的探讨已经越来越激烈，主要探讨的方向是图书馆到底是学术性服务机构，还是服务性学术机构，以此来确定图书馆的本质属性。虽然知识词汇的排序有差别，但鲜明地反映出了对图

书馆是服务机构或学术机构的探讨。如果是学术性服务机构，说明高校图书馆的本质属性是服务性；如果是服务性学术机构，说明高校图书馆的本质属性是学术性。

2015年12月31日实行的《普通高等学校图书馆规程》第2条明确指出："高等学校图书馆是学校的文献信息资源中心，是为人才培养和科学研究服务的学术性机构，是学校信息化建设的重要组成部分，是校园文化和社会文化建设的重要基地。"因此得出，高校图书馆的本质属性是学术性，主要原因如下。

第一，从工作内容上看，高校图书馆工作的主要服务对象是高校师生。作为高校文献信息中心的高校图书馆会根据高校的具体情况与师生特点进行相应的图书采集，并有针对性地丰富数据库内容，使高校师生的教学科研需求得到满足。同时，对于高校图书馆的图书分类，会围绕高校师生的意见与建议，做出适当调整，从而使师生需求得到满足。比如，在书库、书架的布局方面，会着重参考师生的需求特点；高校图书馆会通过远程访问的VPN系统的设置，方便师生随时随地实现数据库资料的查阅。可以说，高校图书馆开展工作与高校师生密切相关，二者既是相互独立存在的，又可以视为一个整体。

第二，从工作对象上看，高校图书馆的主要读者是高校师生。那么，高校师生就是高校图书馆工作的主要服务对象，高校图书馆在工作的开展方面，需要以高校师生为中心。通过高校图书馆，高校师生会获得有需求的文献与信息，这也是高校图书馆工作的中心环节。提高对高校师生服务的优质程度，是高校图书馆工作开展的重要原则。因此，高校图书馆应注重丰富文献、方便查阅等，只有这样，高校图书馆工作的作用与效果才能充分发挥出来，进而鲜明地反映出高校图书馆的本质属性。

二、一般属性：图书馆的共有属性

相比于本质属性，一般属性最大的不同在于具有普遍性特征，这种属性往往由多个事物共同占有，通过对一般属性进行分析，很难对各个事物有所识别。对于图书馆而言，一般属性就是图书馆自身具备的一般性特征，这种属性很有可能会在其他事物中都有所反映。

（一）中介性

不仅中介服务机构具有中介性，图书馆同样具有中介性。一方面，图书馆在不断收集、整理中积攒了丰富的馆藏资源；另一方面，图书馆服务于有文献信息需求的读者，成为文献信息资料与读者之间的中介。在图书馆的支持下，读者能够获得需要的文献信息资料，而文献信息资料也为读者获取知识提供了机会，通过图书馆使二者的有效对接得以实现。

（二）教育性

在传统的课堂教学中，学生会获得丰富的理论知识，但是在知识的获取中，学生处于被动地位，对知识的接受不是主动的，很难清楚自己需要哪些知识，而通过图书馆，可以很好地弥补课堂教学的不足，学生能在自主学习中获得新发展，这也是学校教学的重要环节。同时，在课堂教学中，学生获得的大多是用于考试的专业知识，未必符合自身的兴趣爱好，而通过图书馆，学生获取的知识内容能够丰富起来，并在一定程度上缓解课堂教学带来的压力，在劳逸结合中成长。此外，图书馆带给学生的不仅是丰富的知识，还能使学生获得自主学习的能力以及符合自己的学习方式，进而加深对世界的认知与理解。除辅导读者阅读、推荐文献资料等教育活动外，图书馆还会提供举办培训班、学术报告会、讲座等多种活动。在这些教育活动内容的作用下，学生不仅能够提高对学习的热爱，还能激发对知识的向往。

目前，高校图书馆在传统图书文献资料库的基础上，设立了电子阅览室，并购置了多种类型的视频资料与网络课程，通过这些途径，高校师生能够有效获取课堂教学内容以外的知识，不仅提高了知识储备，还使知识面得到延展。此外，当使用一些数字化工具时，高校师生对现代教育技术工具的掌控力会有一定提高，这也可以视为一种数据素养、信息素养能力的锻炼与培养。

（三）社会性

社会是以一定的物质生产活动为基础，通过相互联系而构成的人类生活共同体。图书馆的建立与存在都是以人为中心的，它在精神层面为人类提供支撑，有着鲜明的社会性。

第一，图书馆的服务对象具有社会性。人是图书馆的主要服务对象，作为构成社会的主要群体，人自然是有社会性的。虽然不同类型的图书馆主要服务于不同的群体，但服务对象的性质却是相同的。比如，高校师生是高校图书馆的主要服务对象，这些师生是具有社会性的，他们有着不同的知识背景，来自不同的地域，隶属于不同的院系。随着社会化程度的不断加深，高校图书馆服务对象的类别会越来越多，如越来越多的高校图书馆开始面向辖区范围内居民开放阅览权限，社会化进程将会得到进一步推进①。所以说，图书馆具有鲜明的社会属性。

第二，图书馆的文献信息资料具有社会属性。文献信息资料不仅是一种文化资源，还是人类精神文明的一种体现，随着精神层面的不断累积，它被人们创造出来，并经过千年传承，普及后世。同时，文献信息资料是人类在征服自然、改造自然中不断积累、传播而逐渐形成的，它对社会改造起到指导作用，能够在智力与精神上支持社会的蓬勃发展。因此，图书馆是具有社会属性的。

（四）准公共性

图书馆收集、整理了大量国内外优质的图书文献信息资料，高校师生与整个社会都将因此受益。需要指出的是，作为服务于全体公众的机构，图书馆的主要经费来源是政府财政预算。因此，从本质上看，整个社会都

---

① 涂湘波，何平．面向弱势群体服务：高校图书馆社会化服务的拓展点[J]．图书馆研究，2012（1）：81-83．

享有获取图书馆资源的权利。受到自身性质的影响，图书馆具有社会公益性，这就要求图书馆是面向社会的，将为整个社会提供公共服务产品。当图书馆失去公共服务性时，就不能再为整个社会提供服务与公共产品，最终会导致原本意义的丧失。

相比于社会公共图书馆，高校图书馆具有一定的特殊性。虽然高校图书馆是面向社会的，但主要服务对象却是高校师生，一般而言，只有本校师生能够最大程度地获取本校图书馆赋予的权利，社会人士与其他高校的学生是很难获取这份权利的。当然，随着高校改革的不断深入，很多高校已经允许非本校人员通过办理借阅证的方式进入图书馆内学习。因此，高校图书馆是具有公共性的，但这种公共性有一定局限，其主要面向群体是高校师生，次要面向群体才是广大的非本校人员，所以说，高校图书馆具有的应该是准公共性。

第三节　高校图书馆的职能

一、基本职能：保存和收集信息文献资料

与图书馆的基本职能相同，高校图书馆的基本职能是保存和收集信息文献资料。随着图书馆的不断发展，它在很多方面都发生了一定变化，但基本职能一直未曾改变，即使在社会空前发展的今天，其基本职能也没有动摇。民国时期，曾有学者认为，只有图书馆能够肩负图书的保存工作。因此，图书馆可以说是对文化进行间接保存的机关。一方面，图书馆传承文化；另一方面，图书馆将文化普及开来，通过知识的传播，文化在全国范围内传播，甚至对国内外文化起到一定影响。对于文化功能的保存，图书馆需要珍藏前人留下的文献资料，通过收集、整理、加工、组织、管理等实现保存；对于文化功能的传承，图书馆需要通过借阅、咨询、检查、复制等方式，将已经收集、整理、加工、组织、管理的文献信息向整个社会传播，以促进社会的发展。

二、社会职能：服务教育文化，传播知识

相比于图书馆的功能，图书馆的职能有相通之处，也有一定差别。图书馆的社会职能指的是图书馆在一定的社会环境中能够发挥的作用。而图书馆的功能指的是在一定的社会环境中，图书馆需要承担的责任及其相关能力。在具体环境中，图书馆的功能才能得以显现，如果功能难以发挥，则无法论及图书馆的职能。因此，图书馆的功能是理论层面的探讨，而社会功能是在实践层面的研究，简而言之，对图书馆的社会责任与社会义务的研究，就是对图书馆职能的研究。

随着时代的发展，图书馆的社会职能已经发生了翻天覆地的变化。在古代，图书馆的社会职能只包括图书收藏，当图书资料形式越来越多后，图书馆只需要将收藏的不同类型的文献资料进行分类与整理。工业革命后，社会主要生产力逐渐从手工劳动转变为机器生产，这对人们的知识文化水平提出了更高要求。为了使社会与人们的需求得到满足，图书馆的开放程度越来越高，逐渐成为人们的主要学习场所。因此，教育成为图书馆的重要社会职能。

随着科学技术的不断发展，各种信息在内容上越来越丰富、在传递上越来越快速，对存储的要求越来越高，在一定程度上促进了传统图书馆的现代化发展，使得图书馆的信息服务方式、文献信息传递方式、信息存储量等方面发生了显著变化，越来越多的人能够通过图书馆获取所需知识，图书馆也逐渐成为现代化的信息存储与传播中心，并发挥重要的社会职能。

随着社会的不断发展，图书馆的社会职能逐渐丰富，比如，导向性职能、消费性职能、享受性职能、创造需求职能等。但无论社会如何发展，图书馆的主要社会职能都是难以改变的。

（一）教育职能

目前，我国图书馆最早可追溯到西周时期，最初其作用只是用于文献

资料的收藏，发挥一定的文化保护作用。随着图书馆事业的不断发展，其社会职能逐渐丰富，在文化保护的基础上，开始起到了文化传播作用。这时，政府与知识界逐渐认识到图书馆教育职能的重要性。在古代，我国图书馆已经具备教育职能，但当时的公共服务范围有限，导致社会职能难以充分显现。工业革命后，随着生产力的提高，对人们文化素质的要求越来越高，在科学技术迅猛发展的那段时期，人们只有通过学习才能不被时代淘汰。在这种情况下，图书馆成为社会教育机构，并且逐渐显现教育职能。对于高校教育而言，高校图书馆教育教学已经与课堂教学同样重要。因此，高校图书馆的社会职能包括教育职能。

2015年12月31日实行的《普通高等学校图书馆规程》第3条指出："图书馆的主要职能是教育职能和信息服务职能。图书馆应充分发挥在学校人才培养、科学研究、社会服务和文化传承创新中的作用。"其中，高校图书馆的教育职能主要包括两个方面：其一，一般情况下，高校图书馆能够为学生提供优越的学习环境，身处此的学生会获得良好的学习氛围，进而能够在学习中感受到更多乐趣；其二，高校图书馆不仅纸质馆藏资料丰富，而且有着能够满足学生学习需求的电子数据资料，并且有着极快的更新速度，通过图书馆，学生能够获取全面的紧跟时代的科学文化知识。同时，在开放性学习方式的影响下，有助于培养学生的创新意识、自主学习能力。

随着科学技术的日新月异，不论是在文献信息的积累量与积累方式上，还是在读者服务方面，图书馆的变化都极为显著。对于教育职能的发挥，图书馆围绕知识内容，通过多种方式服务于社会公众，使图书馆成为促进社会发展的重要组成部分。

(二)服务职能

在服务性的作用下，高校图书馆在社会实践中需要承担服务于自身与社会教育的社会职能。作为服务于高校教学科研工作的高校图书馆，其基础性工作是文献信息服务，因为高校图书馆的学术研究是服务于日常教学与科研工作的。但是，当前高校图书馆面临的所有问题中，社会服务是新的研究课题。

根据高校图书馆的服务对象可知，高校图书馆主要服务于高校师生及其相关的教学与科研工作，在社会服务方面发挥的作用有限。学术界已经意识到这个问题的存在与严重性，认为新时代的高校图书馆应从自我封闭中走出来，面向更为广大的社会群体，并提供有助于社会整体发展的服务。2015 年施行的《普通高等学校图书馆规程》第 37 条规定："图书馆应在保证校内服务和正常工作秩序的前提下，发挥资源和专业服务的优势，开展面向社会用户的服务。"从中可知，高校图书馆在保证自身与高校师生得到满足的前提下，应该尽可能地帮助各界社会人士。需要说明的是，在为社会提供服务方面，高校图书馆的优势可谓是得天独厚，具体体现在以下方面。

（1）文献资源优势

高校图书馆不仅拥有丰富的纸质文献资料，而且拥有大量的电子信息资源。在这些资源中，不仅有前人留下的优秀文化成果，还有很多当代人才发现或创造的现代科学技术，涉及范围极广。在此基础上，我国高校还会投入一定的经费，见表 1-1，购置最新的纸质资料与电子资源，充实高校图书馆，这是其他社会公共图书馆无法比拟的。

表 1-1 **2020 年高校图书馆年度总经费 TOP50 统计表**

序号	机构名称	年度总经费(元)
1	中山大学图书馆	118401956.5
2	北京大学图书馆	85794308.4
3	上海交通大学图书馆	70933093.3
4	清华大学图书馆	65798116.0
5	山东大学图书馆	60060092.3

序号	机构名称	年度总经费(元)
6	复旦大学图书馆	58262625.9
7	武汉大学图书馆	55281056.3
8	浙江大学图书馆	54483377.8
9	江苏大学图书馆	53791793.7
10	同济大学图书馆	51666235.9
11	北京师范大学图书馆	48629166.9
12	华中科技大学图书馆	48352532.0
13	中国人民大学图书馆	47808922.1
14	四川大学图书馆	43015059.7
15	中国科学技术大学图书馆	41223224.8
16	华东师范大学图书馆	40084999.7
17	吉林大学图书馆	39705570.8
18	深圳大学城图书馆	38031840.5
19	南京大学图书馆	37710000.3
20	河北工程大学图书馆	34575124.0
21	南开大学图书馆	33101129.9
22	暨南大学图书馆	32892004.7
23	大连理工大学图书馆	31889078.9
24	云南大学图书馆	31868404.4
25	厦门大学图书馆	31444223.0
26	东南大学图书馆	31391429.4
27	中南大学图书馆	30656190.5
28	安徽师范大学图书馆	30241773.3

续表

序号	机构名称	年度总经费(元)
29	首都师范大学图书馆	29080207.1
30	郑州大学图书馆	28740000.0
31	西交利物浦大学图书馆	28640741.2
32	重庆大学图书馆	28310100.0
33	华南理工大学图书馆	28169176.1
34	西北工业大学图书馆	27108783.2
35	西安交通大学图书馆	26925478.3
36	兰州大学图书馆	26461962.2
37	西南大学图书馆	25965434.0
38	上海大学图书馆	25893507.3
39	上海师范大学图书馆	25796136.0
40	深圳大学图书馆	25312815.3
41	北京工商大学图书馆	25114048.4
42	南京师范大学图书馆	24973801.4
43	新乡医学院三全学院图书馆	24465559.1
44	贵州大学图书馆	24351000.0
45	中南民族大学图书馆	24234442.2
46	河北工业大学图书馆	24226784.1
47	上海财经大学图书馆	23650795.1
48	合肥工业大学图书馆	23648057.7
49	宁波大学图书馆	23470440.8
50	山东艺术设计职业学院图书馆	23449546.0

注：数据出自教育部高校图书馆事实数据库，为各馆自报，提取日为 2021 年 6 月 15 日。版权归教育部高等学校图书馆情报工作指导委员会秘书处所有。

（2）人才资源优势

相比于社会公共图书馆，高校图书馆拥有大量高素质的人才团队，这些人才不仅知识储备丰富，而且拥有一定的信息开发技术，这些人才具有收集、加工、处理信息的能力，不仅可以承担校内的信息服务工作，还能肩负部分社会信息服务工作。同时，高校图书馆的服务人员以扎实的科学文化知识为基础，能够快速接受各种类型的知识，通过高校举办的知识培训会议、学习交流活动等，这些人才能够获得更多的学习机会，从而使自己的知识水平与业务能力得到进一步提高。

（3）技术资源优势

由于高校图书馆的主要服务对象是高校师生，这就要求图书馆本身要有较高的技术水平。在稳定的经费的保障下，高校图书馆能够获得声像技术、信息数字化技术、远程 VPN 技术、计算机技术等，不仅使得高校师生的需求得到满足，还在一定程度上促进了高校图书馆信息资源的开发与利用，进而提高了高校图书馆的资源利用、信息咨询、远程文献传递服务等能力。另外，高校拥有从事信息教学和信息服务的教学人员与信息管理工作人员，通过开展业内学习交流，可以促进图书馆技术水平与管理水平的提高，进而保证图书馆的技术更新，使图书馆拥有技术资源优势。

（三）休闲职能

随着现代化进程的逐渐深入，人们的生活日益富足，也有了更多的闲暇时间，使得人们对休闲的需求越来越高。根据美国《时代》杂志的预测，2015 年前后，发达国家将进入"休闲时代"，这个预测早已经成为现实，说明休闲已经成为人们日常生活的重要组成部分。但是，由于发展中国家的人们的生活压力较大，生活节奏紧凑，虽然人们对休闲的追求较高，但还不能完全满足休闲需求，不过随着时代的发展，发展中国家最终也会进入"休闲时代"。

休闲不是一定要通过娱乐，凡是能够使人精神愉悦、心情舒畅的活动，都能满足人们的休闲需求，人们在这些活动中会充实精神世界，获得更高的满足度。所以说，休闲在一定程度上就是一种文化，是一种感受、一种觉悟、一种体验；是人们自觉的、内在的一种观念与生活方式；其创新性、社会性、人文性较高，是人们在理智、情感、思维方式、价值观念等方面得到的心灵寄托。

由于高校图书馆具有气氛闲适、情调高雅、环境舒适等特征，处于这种环境中的读者，能够感受到舒适感，从而更好地获得学习带来的乐趣。在这种环境的影响下，高校图书馆会更具吸引力与亲和力，当读者处于休闲状态时，很容易受到吸引，使得高校图书馆的休闲职能能够充分发挥出来。同时，在传递科学文化知识的过程中，身处于高校图书馆的读者能够放松身心，不仅可使心灵得到了充足的休息，而且有助于陶冶情操，提高综合修养，进而促进自身潜力的充分发挥。

（四）文化传播职能

在古代，图书馆存在的主要目的只是文献收藏，随着社会的不断变革，图书馆在文献收藏的基础上，开始发挥知识传播作用。在知识传播的过程中，文化也得到相应的传播，所以说，文化传播是图书馆的主要社会职能之一。收藏是图书馆的基本功能，通过收藏，人类的优秀文化成果得到分类、整理、保存与利用。在这种历经上千年的专业化操作方式的作用下，高校图书馆在知识传播方面有着无法比拟的优势，主要体现在以下方面：其一，高校图书馆拥有丰富的馆藏文献资源、深厚的文化底蕴；其二，借助有规划的整理与便捷的使用方式，有助于知识信息的传播；其三，通过先进的技术手段，综合素质较高的图书馆服务人员将文化信息知识传播出去，为读者提供便利；其四，高校图书馆有高度的社会公信力与广泛的社会认知性，对于图书馆进行知识信息的传播，能够得到社会各界的认可与支持，并推动社会的发展。

在文化传播的过程中，高校图书馆发挥的作用主要体现在两个方面：一方面，在收集、整理信息文献资源与服务读者方面，高校图书馆具有独特的文化特征，从而在高校中成为靓丽的风景线；另一方面，高校图书馆拥有大量的科学文献成果，通过传播这些科学文献，不仅有助于科技进步，而且促进了社会的发展。同时，借助这种传播，促进了大量的科研工作者的创新，进而获得新的科研成果，更好地服务于高校的教学科研工作。

三、高校图书馆教育职能的价值体现

(一)学生的专业技能

在高校教学中，课堂教学不是高校学生唯一获取知识、提高专业素养的形式，学生们还可以通过课外学习来丰富知识储备、改善知识机构。通过对图书馆馆藏资源的阅览，有助于高校学生消化在课堂中获取的知识内容，并对课程内容做出一定补充，进而提高对专业知识的理解程度。同时，图书馆馆藏与服务还能够拓宽高校学生的知识领域，完善知识结构。另外，高校学生通过自主学习，有助于学习兴趣的培养，进而反馈于专门知识与技能，实现自身的全面发展。

(二)学生的人文素质

人文素质指的是人们在人文方面达到的发展程度或具有的综合品质，简而言之，就是人当前具备的基本态度与基本品质。人文素质教育指的是通过人文知识教育使学生的综合品质得到提高。对于课程教学，虽然设置了大量的主修课与选修课，但这些课程的设立主要是用于应试教育，预期的教学效果难以全面达成。因此，为了加强学生的人文素质，高校应充分发挥高校图书馆"第二课堂"的作用，促进学生在自主学习中成长。高校图书馆不仅能够为学生提供丰富的馆藏资源，而且能够使学生获得良好的学习环境与学习氛围，对学生道德情操的培养、艺术修养的塑造、健康心理的养成极为有利。同时，馆员礼貌服务与馆内书香气息的影响，有助于学生行为、修养等的全面发展。

（三）学生的信息素养

随着互联网时代的发展，对人们的信息素养提出了更高的要求，信息素养能力的培养也越来越重要，而只有通过学习才能真正掌握这种能力。对于图书馆而言，可以通过普及《文献检索与利用》课、新生入馆教育宣传、图书馆知识讲座等形式，提高高校学生的信息素养。此外，还可以通过网络教育着重培养学生的信息道德、信息能力、信息意识等的素养，使学生在学习中加深对各种信息资源的认知，提高对信息检索技术的掌握，强化通过现代技术手段进行征信分析、整合交流的能力，为终身教育的实现奠定坚实基础。

（四）学生的综合能力

受到人口增多与国民素质提高的双重影响，社会对人才培养提出了新的要求，要求人们向着一专多能的方向发展，以满足社会需求，这就要求高校学生在掌握相应的专业知识的基础上，应涉猎更多的生活技能与人文科学知识。高校为了学生的全面发展，应不断优化高校图书馆馆藏资源，不仅向读者提供基础知识和专业文献资料，还应提供与之相邻的非专业知识，进而使学生的知识储备得到丰富、知识结构得到优化。同时，图书馆可通过开展各式各样的活动与服务，促进学生综合素质的提高，为步入社会打下坚实的基础。比如，图书馆可根据当前社会热点或形式，在校内或馆内设置关于科学、文化、经济、政治的专题栏目，扩大学生的视野，让学生对社会有更多了解。

（五）学生的人生观、价值观

随着全球化的日益深入，不同的国家文化交织在一起，使得社会越发活跃，进而深刻影响着人们的日常生活与思想观念。尤其是发达的网络、各种各样的行为方式、形色各异的思想意识，对高校学生的道德观与价值观有着深层次影响。图书馆可以通过组织专题读书、开展书评、宣传优秀图书、推荐新书等活动，使学生在优质的阅读中加深对社会发展与人类文明的了解，在引导中促进学生理性分析能力的提高，加强学生对民族与整个人类命运的责任感与关注度，面对社会带来的滔滔洪流，树立正确的价值观念，实现全面发展。

四、加强高校图书馆教育职能的措施

(一)优化馆藏资源，提高藏书质量

(1)提高与教学教务部门的关联性，积极投入学校教学活动。对于高校图书馆而言，应围绕高校的实际情况与高校师生需求，与教学教务部门进行研讨，重视他们提供的意见与建议，并以此为基础，优化图书采购比例，提高图书质量与效用，改善馆藏结构。同时，着重参考校内专家与教师提供的要求，对于最重要的一部分专门书籍，应征得他们的认可。此外，应加强与教师的沟通交流，提高对专业发展情况的认知，确保购置的图书具有预见性与前瞻性。

(2)构成多元化的信息资源结构。对于文献载体，不仅要重视纸质文献信息资料，还要提高电子文献信息资源的占比，通过对互联网信息的收集，促进信息资源的收藏与整合，实现纸质馆藏与电子馆藏的有机结合。另外，通过馆际电子资源的连通与共享，要让各个分散的图书馆网络逐步实现馆际互借和联盟管理，形成网络体系，进一步加强图书馆的信息服务能力，促进最大程度地利用信息资源的实现，将高校图书馆的教育职能充分发挥出来。

(3)加强人文知识信息资源的收藏。高校图书馆作为"第二课堂"不仅要满足专业教育需求，还要满足素质教育需求，促进高校学生的全面发展。在购置馆藏资源时，不仅要注重采购用于教学科研工作的图书，还要以高校学生的性格、爱好、志趣、学习能力等为依据，针对性地购置内容丰富、助力学生发展的文献资料，比如，社科、人文、戏剧、美术、企业

管理、环境保护、公共关系、古典音乐欣赏等，从而使高校学生的人文素质教育需求得到满足。这样既突出重点，又兼顾一般，加强了馆藏结构的合理性。

(二)加强读者教育工作

(1)注重学生人文素质的培养。当前，对于高校图书馆教育而言，人文素质教育已经成为重要课题。在应试教育的影响下，很多高校学生的专业知识储备极为丰富，但人文素质还有较大的提升空间。比如：有些学生会受到市场经济与外国文化的影响，产生有违常理的价值取向。这时，高校图书馆应通过推荐优质的科普著作、历史书籍等，在拓宽学生知识面的同时，让学生能够感同身受，从历史名人的人生奋斗与人生态度中树立正确的价值观念，进而规范自己的言行举止，获得能够在风吹雨打中依旧茁壮成长的能力。

(2)注重学生信息素质的培养。随着互联网时代的到来，良莠不齐的海量信息一齐涌入人们的精神世界，虽然知识的界限被打破，却使信息检索难度急剧增加，这就要求高校学生提高信息检索能力，也可以说是给高校图书馆布置了一个新的任务。图书馆通过新生入馆教育、专家讲座、文献检索课程等教育形式强化学生的信息意识，提高学生获取信息的能力，并在此基础上，加强学生信息素养、数据素养的教育工作。

(3)注重学生创新精神的培养。创新能够促进社会进步，也为国家的富强注入源源不断的活力。在高校图书馆中，不仅馆藏资源丰富，而且设备先进、学习环境优良，这些都是重要的教育资源。相比于课堂教学，图书馆教育的优势体现在选择性、灵活性、主动性等方面，通过对馆藏资源、创客空间、共享平台等的充分利用，学生能够及时了解各学科的前沿动态与发展趋势，吸收最有价值、最全面的信息知识，不仅能够拓宽知识面，提高自主学习能力，还可能获得分析、解决问题的能力，有利于对学生开拓性、创造性、独立性的培养，进而具备创新素质。

(三)建立网络教育平台

随着互联网技术的发展，越来越多的网络教学平台被人们所接受和利用，比如 MOOC 平台中，多达 803 所高校上线了千余门课程，方便同学们随时根据自身需求进行自学，网络教学已成为了当今大学生广泛接受的学习方式。因此，图书馆应推动网络教育的发展，将专业与学科的限制逐一打破，通过网络教育，学生可以以自身需求为依据，构建契合自己的教育模式，并灵活安排学习时间，提高对学习进度的掌握。借助图书馆的网络教学平台，学生都可以获得学习机会，将图书馆视为学习中心与教育中心，在这种开放的教学模式下，不仅能提高学习效率，而且能增加一定的学习时间，这是当代高校图书馆教育职能的发展趋势。

(四)馆员队伍建设

对于图书馆事业而言，图书馆员是核心与灵魂。当图书馆拥有一支高素质的专业队伍时，能够更好地开展图书馆工作，将图书馆的教育职能充分发挥出来。随着图书馆资源向着多元化发展以及图书馆网络化程度的不断提高，图书馆员的工作涉及面越来越宽，他们不仅要从事采编、借阅、咨询服务等基础的工作，还要能在纷繁复杂的网络数字化信息资源中提取、鉴别和加工信息。因此，图书馆员要通过各种途径、各种方式主动"充电"，提高自己的知识层次，使自己真正成为读者通向信息宝库的引导者、教育者。

第四节 高校图书馆的发展现状

一、高校图书馆现状概述

通过对高校图书馆了解并结合相关文献研究，中国近几年高等院校图书馆的发展现状有以下两方面特点。

一方面，高校图书馆修建数量、规模显著增长。据相关资料表明，我国高等院校教育在近十年中取得了前所未有的发展，已然占据我国教育事业的重要地位。社会经济和科学技术的发展，促使高等院校教育必须加速发展，国家给予一致好评的高等院校，纷纷在全国各地扩建或是新建院校，而高校图书馆近年来在修建数量上、规模上都有了显著的增长，其图书馆的建设和设备设施配备全部采用高标准实施，可以说是从各方面的滞后实现了跨越式的发展。

另一方面，高校图书馆在时代背景下具有良好的发展趋势。现今的中国全面融入世界、与世界经济全面接轨，那就意味着我国的企业和社会对于人才的需求提出更高的标准，已不是简简单单地掌握单一的技能就可以满足的，而是提出培养复合型人才，要求对个人的自身素质和综合素养全面提高，可以说这样的人才才是企业和社会的主要需求。而高校图书馆作为高校内最基础的知识和信息交流平台之一，对培养学生的人文素养和人格修养方面发挥着重要的作用。因此，在企业和社会对于人才需求高标准高要求形势下，高校图书馆具有良好的发展趋势。

二、高校图书馆的一般性问题

(一)图书馆工作不被重视

对于图书馆的发展，高校领导的态度起决定性作用。一些高校领导认为，高校图书馆工作的主要内容是图书借阅，这种工作流程虽然繁复，但相对简单，因此，工作人员不论学历如何，熟能生巧后都能圆满完成工作任务。在这种观念的影响下，高校领导往往并不重视高校图书馆的发展，不论是在人事安排上，还是在发展规划上，都没有具体的方针。还有一些高校领导认为，课堂教学在高校教育中一直是最为重要的，图书馆工作的开展也只是辅助高校教育，即使图书馆工作开展得再好，对专业教育的影响也是微弱的。受到这些观念的影响，高校图书馆的发展举步维艰。幸运的是，还是有很多高校重视高校图书馆工作及其发展的，这为全国高校图书馆的建设指明了方向。

(二)图书馆制度实施无效

在建立规章制度方面,国内大多数高校图书馆都有一定的基础,即使没有基础的高校图书馆,通过对国内外著名高校图书馆规章制度的借鉴,也制定了相对科学、合理的制度。然而,在执行这些规章制度的过程中,由于执行力度不足、监督机制不健全等因素,使得高校图书馆规章制度的效力与效果较为低下,这不仅违背了设立制度的初衷,而且难以发挥这些规章制度应有的作用。由于制度约束力的丧失,图书馆员及其日常管理工作开展效率与效果只能由图书馆员的职业道德决定。

(三)图书馆员职业能力局限

随着高校图书馆智慧化建设的推进,高校图书馆馆员的业务素质与能力也受到了提升的压力。由于部分图书馆馆员对图书馆的认知仍然老旧、自身业务能力未及时提升,面对数字化程度越来越高的信息资源和与之对应的读者需求,这部分图书馆馆员处理起来存在较大困难。图书馆馆员的信息化能力与图书馆发展之间的不匹配,阻碍了图书馆服务水平与服务质量的发展,对图书馆的整体发展不利。

(四)图书馆投入预算相对较少

随着社会经济的不断发展,人们对教育的需求越来越高,各大高校为了满足社会需求,开始了多年的扩招工作。通过扩招,高校虽然获得了大量的资金,但由于基础设施难以满足学生的需求,为了提高学生对设施设备的人均占有,一些高校将经费主要用于基础设施建设,忽略了对高校图书馆的经费投入。由于高校图书馆的图书购置、运营维护等受到经费的限制,使得图书馆难以维持高质量服务,进而导致图书馆的各项服务水平难以有效提升,对图书馆的长期发展产生消极影响。

（五）图书馆资源建设不完善

由于经费受到限制，高校图书馆在购置文献资料时，一般以服务于高校教学科研工作的图书为主，使得使用频率低但收藏价值高的资料难以收集。同时，通过数据统计，图书馆在购置图书时会延后考虑利用率低的资料。目前，专业型数据库已经越来越多，但图书馆受到经费限制，只能购买部分数据库，而不能购买全库，使得图书馆资源建设存在一定不足与缺陷，这是需要解决的，但不能一蹴而就。此外，对于优势资源及其使用方法，高校图书馆的宣传力度不足，甚至本校师生也不清楚这些资源的存在，使得一些文献资料与数据库不能得到充分利用。

三、高校图书馆对于留学生服务的问题

（一）信息资源建设问题

目前，我国高校图书馆普遍存在的一个问题就是对留学生信息服务工作重视程度不够，这直接导致各高校图书馆对留学生的文献需求调研比较少，对其文献需求特点也不甚了解，表现在资源建设方面就是长期以来主要考虑的是国内师生读者的文献需求，对留学生所需的文献资源考虑过少，进而在进行文献收集时，对这方面的资源建设力度不够，使留学生相关文献资源严重不足，无法有效满足不同层次留学生读者的相关信息需求，严重打击了他们利用图书馆查找文献信息的积极性。

在实体文献资源建设问题上，由于受观念的影响与经费的限制，不少图书馆在留学生相关资源建设上显得既缺乏宏观指导，又缺少总体规划，仅靠单纯的赠送与交换、举办展览等短期性或突发性的搜集形式补充相关馆藏，这直接导致图书馆外文文献搜集信息闭塞，严重阻碍留学生相关文献资源的建设。另外，当前一些图书馆对留学生用于汉语学习的文献与介绍中华文明与历史文化等方面的文献资源收藏呈现种类少、类型单一、缺藏比例偏高等特点，再加上内容针对性不强，层次性不够，可利用价值较低，无法满足留学生的相关信息需求。

在电子资源建设方面，目前很多高校图书馆都给予了足够的重视，但针对留学生信息素养教育的欠缺，导致留学生对我国高校电子资源的使用方法不熟悉，很难用关键词之间的简单组配来准确表达自己的信息需求。此外，图书馆对电子信息资源描述的详略程度存在很大差异，不少资源存在对信息内容揭露不充分等问题，影响留学生用户对所需信息的选择与判断，使他们无法快速准确地获得所需信息。

(二)馆员素质问题

由于留学生读者群自身特有的构成特点及其信息需求的特殊性，对他们来说，学校文献信息的中心——图书馆本应是他们获取信息资源最主要的渠道，图书馆能否及时、准确为他们提供所需要的有针对性的信息资源对帮助他们解决在学习与生活中所遇到的各种问题会起到积极的作用，而要实现这个目的对于图书馆信息服务的具体实施者——馆员提出了较以往更高的要求：其一，要求馆员对自己学校的留学生群体，特别是其信息需求有一个全面的认识，了解留学生利用图书馆的困难；其二，为了提高服务的专业性水准、个性化服务水平，馆员要具备过硬的专业素质，对留学生所在国的文化背景有一定程度的了解，具有跨文化交流意识，尊重他们的民族习惯，同时要注意沟通技巧，确保与留学生交流的顺利进行。

目前，我国高校图书馆馆员素质水平参差不齐，能够完全胜任留学生信息服务工作的馆员比较有限。这些问题具体表现在如下四个方面。

(1)语言沟通障碍

良好而有效的沟通是馆员进行服务的前提，虽然目前我国高校图书馆馆员的外语语言能力较过去有了很大的提高，但由于平时运用较少，疏于练习，再加上很多国家留学生说着带有地方口音色彩的外语，馆员在面对外国留学生时，交流还是存在着比较大的困难。交流的障碍不仅不利于馆员及时了解留学生的信息需求，还严重制约留学生利用图书馆的积极性。

（2）专业知识欠缺

当高校图书馆馆员有较高的专业知识与能力时，才能保证信息服务的优质与高效。目前，我国高校图书馆馆员的综合素质与专业能力已经有了极大提高，但关注国际图书馆发展的程度不高，并且很少进行国际交流，难以及时地向留学生读者提供针对性服务。

（3）信息技能不够熟练

随着网络的迅速发展，电子资源方便、快捷的使用特点使其越来越多的受到读者的青睐。目前，电子资源在馆藏中的比重也越来越大，但由于馆员的信息检索技能还不够熟练，不仅无法准确提供有价值的咨询信息，更无法对留学生读者进行信息检索能力的培养，提高留学生自身信息素养。

（4）跨文化交流意识薄弱

留学生来自不同的国家，文化背景与文化习俗也有一定差异。但是，在向留学生提供信息服务的过程中，高校图书馆馆员很少能够考虑到我国与留学生国家之间的文化差异，或是对留学生国家的文化并不清楚，最终因为行为习惯、思维方式、利用图书馆的习惯等方面的不同，在交流中产生不可预料的误解。

（三）信息服务问题

"以用户为中心"是目前几乎所有高校都提倡的服务理念之一，但是由于我国高校图书馆对留学生用户群体的信息与信息服务需求没有给予足够的重视，对于这一特殊用户群体的信息需求也未曾进行过持续的、系统的调研，没有清楚认识其利用图书馆信息服务的障碍，以及信息需求服务的特点和要求，造成面对留学生用户的馆藏资源有限，服务方式方法落后，服务质量不高，尤其表现在以下方面①。

---

① 郭明蓉. 中外高校图书馆读者服务工作比较研究[J]. 情报杂志，2003（12）：106-108.

（1）参考咨询质量不高

一方面，是由于馆员自身素质的问题；另一方面，是由于没有对留学生读者给予足够的重视，针对留学生的服务开展得比较少。

（2）留学生主页建设单调，缺乏实用性

当前网络环境下，图书馆主页的作用显得日益突出，很多读者都会通过图书馆主页了解图书馆，在线进行书刊检索，网上阅览信息资源与进行网上信息咨询等满足自己的部分信息需求。但是在针对留学生服务方面，很多国内高校图书馆都基本上没有开展实质性的相关服务，即使有英文页面的存在，也往往流于形式，仅提供一些最基本、最简单的内容，没有及时更新的信息供读者查阅，实用性有限。还有不少图书馆首页虽然以英文为主，但二级链接就直接链到汉语服务页面，或者显示"网页正在建设中……"。

（3）留学生用户教育缺乏或效果不好

用户教育在西方国家高校图书馆读者服务中成为不可缺少的一项工作。我国高校图书馆虽然也进行了一些用户教育工作，但在层次与形式上都有一定不足，特别是大多没有针对留学生的用户教育，有的效果也很一般。

（4）不注重基础环境建设，缺乏必要的英文标识体系

由于语言的不同，留学生并不容易了解并熟悉图书馆，这在很大程度上会妨碍他们很好地利用图书馆收集信息，并且不利于他们学业的开展。

（四）重视程度问题

随着我国的日益富强，留学生总人数已经越来越多，但相比于全国高校学生而言，仍旧只是很小的一部分，在重要性原则的导向下，图书馆在项目规划与服务设计的过程中对非留学生群体的倾向性远远高于留学生群体，从而使得投资使用率得到保障。以馆藏资料的购置为例，当前，有充足外文数据库的高校主要是部分外语院校与985、211工程等高校的图书馆，很多普通高校图书馆的外文数据库有待丰富与完善。重视留学生服务

的程度不高，必然导致服务的非人性化、低效、缺失等问题的出现，影响留学生对高校图书馆的使用。随着留学生对高校图书馆使用次数的降低，高校将会越来越不重视图书馆留学生服务，使得服务水平与服务质量难以提高，最终形成恶性循环。

　　实质上，留学生的数量与质量是衡量我国教育国际化水平的重要指标，图书馆面向留学生的服务质量与服务水平在一定程度上能够反映出高校甚至国家在教育国际化的实践过程中的水平与能力。从短期发展来看，推动图书馆留学生服务的发展，提高对留学生服务的资源投入，为图书馆与高校带来的经济效益并不高，甚至会有一定亏损，但从长远来看，当高校图书馆为留学生提供更好的学术交流环境时，将对高校融入国际化教育起到极大的促进作用，使院校在国际上获得较高口碑与声誉，进而提高对留学生的吸引力，让更多的留学生来到中国，通过不断的学术交流，实现社会经济与教学科研事业的共同发展。

第二章　高校图书馆采编工作

文献采访不仅是高校图书馆文献资源建设与发展的基础工作，还是高校图书馆文献资源建设的首要环节①，而文献编目指的是对文献信息资源进行整理、分类、标引、加工、目录组织等的一系列工作。文献采访与文献编目不是独立的两项工作，二者需要交叉组合进行。随着社会的不断发展与联机编目的应用，读者对文献资源的信息检索提出了更高要求。由于文献信息资源的检索与利用需要以文献资源的规范化为支撑，因而文献采访与文献编目工作的协调与规范化发展成为文献资源建设的必然趋势。

第一节　高校图书馆采编工作现状

一、采编工作对象多元化

随着现代信息技术的快速发展，网络信息、数据库等数字化信息资源陆续出现，为了更好地与当前的社会环境相适应，采编工作实现了从传统形式到印刷型、电子文献等形式的扩充，文献信息载体以原有模式为基础，逐渐向光盘型、视听型、网络型等多种资源形式发展。在各种新形式的影响下，采编工作对象逐渐多元化。

---

① 戴龙基．文献资源发展政策研究［M］．北京：北京大学出版社，2007：27.

二、采编服务方式多样化

信息时代高校图书馆采编工作也发生了一系列改变。传统的图书采编业务大多通过数目预定和现场直采完成，但由于这两种方式都存在局限性，所以采编工作需要改变。信息化的发展使采编工作走上了信息化、网络化的道路。采访人员不用再受时间、空间限制，而可以实现高质量采访。编目方式在由传统的印刷型向电子化、网络化转变，更科学精细的分类和海量的信息存储，使编目工作越来越科学和规范。

三、采编工作的职能深度化

随着采编工作对象的多元化与服务方式变化，采编工作职能也发生了相应的改变，给采编人员进行采编工作提出了新的要求。最初，采编人员只需要完善分编图书、维护图书目录数据等传统采编工作即可，而随着互联网时代的发展，纸质馆藏资源不再是图书馆馆藏的绝对主体，电子馆藏资源的占比越来越高，这就要求采编人员对计算机与信息技术有一定的掌握，以更好地借助网络资源对信息供应商推出的中英文目录数据库以及专业图书目录数据库进行适当的加工处理。这些职能上的变化是促进纸电目录有效融合的有效途径，可促使资源更合理地利用，同时，也可提高读者服务质量，进而促进图书馆采编工作、图书馆事业的快速发展。

四、采编人员素质复合化

近年来，很多高校将高校图书馆的采编工作外包给具备一定专业素养与能力的企业，采编工作只需要借助书商提供的 MARC 数据对这些数据进行一定的修改，并对部分文献元数据进行著录，使得采编人员不需要较高的个人素养就能完成采编工作，最终丧失了一些培训与学习的机会，导致采编人员的创新力遭到削弱①，进而导致采编人员的个人素质差异越来越明显。但随着信息技术的不断发展、采编工作职能的变化，采编人员需具

---

① 吉宇宽．图书采编业务外包风险控制研究[J]．情报探索，2007(3)：17-18.

备的素质也应变化提升。文献采编人员不仅要做文献信息的分类者，还需要做信息的甄别者和数据的维护者。对于图书馆而言，采编人员的个人素质在很大程度上决定图书馆业务水平的高低。因此，采编人员应通过不断的学习充实自己，具备文献采访与文献编目方面的专业知识，同时，通过专门培训加深对馆藏及其特色的了解，并借助所学知识进行不断创新，促进业务水平的提高。

第二节　高校图书馆采访工作优化

一、高校图书馆采访工作的重要性

对于高校图书馆而言，采访工作是基础性工作之一，能够为图书馆工作的开展提供保障。同时，当采访工作质量较高时，高校图书馆的服务水平会随之增长；当采访工作质量欠缺时，高校图书馆服务水平的提高会受到一定限制。近些年来，在知识经济时代来临与市场经济体制改革的影响下，图书市场较为活跃，不仅图书价格相比以往有很大提升，而且出版社数量也有显著增幅，通过多样化的销售发行渠道，出版物的种类与数量明显增多，但在质量上良莠不齐。此外，随着我国高等教育事业的发展，各高校纷纷进行教学评估、扩招及申硕博点等，给教学和科研带来了极大的压力，作为教学工作支柱的图书馆同样面临新的挑战。

为满足读者多样化的需求及确保教学质量的提高，合理有效地增加高校图书馆的藏书量，对图书馆的文献资源建设进行质量控制变得尤其重要。其中，优质的采访工作是保证高校图书馆文献资源建设可持续发展的主要因素，直接决定着高校图书馆文献资源建设的水平。

二、高校图书馆采访工作面临的问题

(一) 图书质量下滑

近年来，随着图书出版业的发展，出版量明显增大，我国目前有 580

多家出版社,图书品种数量一直居于高位。但是,部分出版社为追求高额利润,对图书质量把关不严,出现了内容重复出版的现象。为了增加销售量和迎合市场的需要,出版社热衷做畅销书,而一些专业性强、学术性强的高质量图书由于市场需求量较小,折扣又不如其他类型的图书,难以通过正常的发行渠道进入高校图书馆文献采访环节,导致高校图书馆专业性图书少而旧,不能满足读者需求,这也影响到重点专业特色馆藏建设。

(二)文献需求增加

在高等教育体制改革以及学校扩招、申硕博、开展"双一流"建设等背景下,教学评估以生均藏书量作为指标,考察办学基本条件,主要解决高校文献信息资源"量"的保障问题。近年来,全国高校为达到评估相关指标要求,不仅新增了许多专业,而且加大了对图书资料经费的投入,因此,高校购书经费增长幅度堪称史无前例。以闽南师范大学图书馆纸质图书藏书量为例,2004 年仅 94 万册;2009 年达到 144 余万册;截至 2021 年 10 月,图书馆已拥有纸质图书 234 万册左右。如何有效地管理和利用现有文献资源,已成为高校图书馆面临的一个巨大挑战。

随着"双一流"建设的开展,部分重点高校及普通高校都走上了申硕、申博之路,新增了硕士点、博士点,加上新增专业、新学科、交叉学科、边缘学科的不断涌现,造成相关专业性及学术性文献资源出现短缺。即使在经费充足的情况下,文献收集也需要一定的时间和过程。另外,图书市场出版的专业性图书品种有限,专业性、学术性的文献较难满足教学和科研的需要,直接影响了读者利用馆藏的效率及对图书馆的满意度。

(三)采购方式不足

由于现阶段财务制度的原因,高校图书馆主要采用招投标图书采购方式,所以,中标者的好坏直接影响高校图书馆的采购效率、采购成本及图书质量等,以及图书馆的馆藏文献质量与结构。招投标采购方式存在一定的局限性和缺点,比如,采购周期较长,程序偏复杂,效率较低。文献采购是一项系统性、连续性的工作，书商与图书馆合作有一个磨合期，一年一度的招标不便于采访工作的开展。另外，在一般情况下，文献评标小组成员中有些是非图书馆工作人员，对投标公司的情况不了解，对图书市场的动态不熟悉，对采购业务工作不清楚，很难对应标书中的服务承诺做出真伪判断。

（四）采访能力有待提高

在知识大爆炸时代，面对海量的资料，要从中选择符合读者需求的文献，采访人员必须要有较高的科研能力和学术水平，掌握一定的专业背景知识，具有敏锐的观察力、鉴别力及分析力。例如，针对外文文献采购，采访人员不仅需要较强的外语能力，而且要对国外某学科发展有所了解或掌握，只有这样，才能更好地为本校的教学和科研提供优秀的外文文献资料。然而，在大多数高校图书馆，具有高级职称和博士学位的馆员较少，要想结合高校特色进行采访或指导馆配商制定精细化的购书目录，就显得非常困难，从而给图书采访工作带来困难。

三、高校图书馆采访工作策略的优化

（一）合理利用网络平台

网络技术的发展为高校图书馆的采访工作创建了一个新平台，采访人员可以直接在网络上采购文献资源。比如，通过当当网、卓越网、孔夫子旧书网等。同时，网络提供了馆员与读者互动的平台，采访人员可以利用网络的多种渠道与读者直接交流，比如，QQ、微信公众号、微博、邮箱及图书管理系统等，了解读者的阅读倾向，从而有针对性地订购图书。这不仅激发了采访人员工作的主动性和创造性，而且有利于满足读者个性化的需求。同时，图书馆技术管理员也应具备较强的网络资源整合能力，建立统一的检索平台，真正实现一站式检索。

（二）做好数据调查研究

做好数据调查研究是图书采访的一项基础工作。高校图书馆馆藏结构应依据本校的专业设置和学科建设的具体情况而建立，并加强特色馆藏的建设。这要求采访人员要明确自身的特色资源是哪些，提出并制定形成特色文献的具体标准。采访人员不仅要对本校招生计划、学科建设、课程设置、教学科研计划等情况有基本的了解，还要对各院系的学生人数、师资结构、培养方向、开设课程等有助于开展文献采访工作的信息有一定掌握。同时，采访人员应对本馆馆藏情况有一定研究，比如，本馆藏书数量、各类书刊比例、中外图书比例、各学科藏书量等。通过对馆藏情况的了解，明确现有藏书与预计需求的差距，从而有根据地进行图书馆藏书建设，使图书采访质量得到保障。

为保障采访数据的准确性，采访人员还应加强与各院系学术机构的沟通交流，保持与各院系资料室的动态联系，并善于通过对教师的咨询来获取关于图书借阅与相关科研活动的信息。

（三）重视专业文献采购

高校图书馆在优化与平衡各专业文献资料的同时，也应关注高校专业性质相关的重点学科文献采购。由于各高校类型的差异，综合性大学与农、林、工、商、法、医等专业性强的大学在文献采购的结构上都会存在一些不同。各高校可结合优势学科、优势专业，建设专题性强的资源库，也可通过关注校内专家、学者成果、品牌作者与品牌出版社出版情况的方式，对专业性较强的资料库进行有效补充。

（四）建立馆藏评价体系

馆藏评价是文献资源建设的基本内容，主要用于检测藏书质量，通过各种信息的反馈，为文献资源建设过程的控制与确保决策的科学性提供依据①。馆藏评价主要是对馆藏学术价值、馆藏结构、馆藏数量、馆藏使用效果等通过综合分析得出的总体评价。其目的是确认当前馆藏是否符合建设要求，能否满足读者需求，并对馆藏资源的结构优化提供建设性意见。

馆藏评价的方法很多，比如：统计分析法、书目核对法、读者调查法、专家评价法、引文分析法、流通分析法等，而最时兴的是"全评价"，即南京大学叶继元教授在 2010 年《人文社会科学评价体系探讨》中提出的一种全方位多维度的评价标准。

采访人员通过合理、科学的评价结果进行文献信息反馈，扬长避短做好文献资源建设，有助于图书馆馆藏资源体系的优化。

(五)注重特色文献建设

特色馆藏是高校图书馆的主要建设与发展方向之一，它既能体现学校办学特色，又能在一定程度上反映学校学科优势。随着信息化、数字化技术的发展与广泛运用，特色馆藏的内容、形态也发生了巨大的变化，由传统的文献收藏向数字化建设发展。因此，高校图书馆的特色文献资源由之前主要包括行业特色文献资源、区域特色文献资源、专题特色文献资源，向特色数字资源发展，如学科专题数据库、地方文献数据库、高校成果库等。独具风格的藏书体系既能较好地满足学校教学科研的需要，又能全面反映本地区政治、经济、历史、文化和科学教育事业的发展状况。因此，注重特色馆藏建设是图书馆发展的必由之路。

(六)提高采访人员素质

高校图书馆的图书采访人员是图书资源建设的"把关人"和"守门人"，担任文献资源收集工作的图书采访人员自身素质的高低，是影响整体馆藏质量的重要因素，尤其在当前采访工作多元化、读者需求多样化的背景

---

① 沈继武，萧希明．文献资源建设[M]．武汉：武汉大学出版社，2001：270.

下，作为图书馆采访人员，应具备过硬的思想素质、充分的业务素质、丰富的文化素质和一定的创新素质。

随着现代科学技术的日新月异，采访人员不仅要有扎实的知识基础、合理的知识结构，还要具备高度的敬业精神与丰富的工作经验，在掌握一定的关于图书、出版、发行方面的基本理论的同时，还要有某一专业特长。同时，采访人员应紧跟时代，通过学习新的知识与技术，不断地充实自己，以提高知识储备、优化知识结构。对于采访人员个人素质的提升，可通过以下方法：其一，加强思想与职业道德素质教育。采访人员要有高度的政治鉴别能力与敬业服务精神；其二，重视学科知识与信息素养教育。采访人员除掌握专业知识外，对文史哲、艺术、科学等领域都要有所了解，并通过信息素养提升更好地服务工作和读者；其三，强化外语水平和服务意识。高校高质量发展趋势下，国际学生交流学习已成为常态，提升采访人员外语水平不仅可以在采访工作中更好的进行外文书目采访，还可方便采访人员更好地服务外国读者。

高校图书馆作为高校培养人才的重要机构，需要时刻围绕高校发展的方向调整目标①。高校图书馆文献采访的质量控制问题是一项长期而艰巨的任务，应革新旧有模式，优化高校图书馆采访工作。

第三节　高校图书馆编目工作优化

一、高校图书馆编目工作的重要性

图书资料是大学生获取知识的来源之一，高校师生可以通过文献目录了解文献的基本信息和特征，检索所需要的文献。图书编目工作人员需要对文献资源进行加工处理，比如，盖章、贴条码及录入数据等，为读者提

---

① 郭晓瑞. 质量管理原则在高校图书馆文献资源建设中的应用[J]. 图书馆建设，2011(9)：21-24.

供准确的图书分类和馆藏位置等详细信息，节省读者检索和查找文献的时间，便于图书管理人员和读者及时了解文献资料的外借与归还等相关信息。因此，优质的编目工作为相关工作人员和读者带来了不同程度的方便和益处。近年来，随着高等教育的不断发展和互联网的普及，用户进行信息检索的渠道和路径变得多样化，这对高校图书馆编目工作提出了新的挑战。

图书编目应当形成以师生读者为中心，以其借阅需求为导向的一种信息化服务模式。通过科学排序与迅速检索，为阅读者提供准确、高效的书目信息。

二、高校图书馆编目工作存在的问题

(一)编目工作信息反馈不足

编目信息反馈是指导图书馆做好编目调整的重要环节，它能够为图书馆的编目工作提供准确指导，同时，因反馈工作需要读者与编目人员的双向互动才能完成，因此这一环节还可以有效加强读者与图书馆工作人员之间的沟通交流，使文献价值更加契合读者的内在需求。但在实际工作中，多数图书馆存在信息反馈不足的问题。在实际编目工作中，由于工作时间紧、任务重，编目人员在信息反馈环节投入的时间并不多或者并没有投入，这直接导致了与读者之间的信息沟通不足，编目人员难以对读者实际需求有准确的了解，进而使得信息反馈难以对图书编目起到任何指导性作用。这些问题或会导致编目信息失误，进而影响读者的借阅积极性与满意度。

(二)编目对象类型多样化

信息时代的图书馆馆藏资源类型更加丰富，除了纸质文献外，电子文献占比明显提升，这就导致数字化阅读载体更加多元化，各种各样的网络信息资源以及视听资料等层出不穷，高校图书馆编目工作的主要工作对象也并不再是单一的传统的纸质文献，还涉及网络资源的筛选以及电子文献的有效融入等。同时，这种数量庞大、类型多样化的高校图书馆编目内容，也对编目人员提出了更高的要求，编目工作人员必须要积极创新自身的工作方式以及工作思路，这样才可以实现信息资源的精准分编以及规范管理，否则无法满足多样化编目对象的基本需求，严重影响高校图书馆编目的工作效率以及工作质量。

(三)编目监督管理机制不完整

随着高校发展，图书馆的文献采购量急剧上升，编目人员的工作量大幅度增加。馆员为了完成任务，在一定程度上影响了编目数据的质量。另外，目前很多高校图书馆采用招标形式进行图书外包，直接采用中标商提供的图书数据，从而很难保证编目数据的准确性。不管是哪种原因造成编目数据出现偏离的现象，高校图书馆都没有针对问题制定相关管理和监督体制，这在很大程度上影响了高校图书馆编目工作的质量及文献资源文化价值的发挥。

(四)编目人员业务素质参差不齐

高校图书馆的文献编制和录入有一定的规则和标准，需要相关专业人员才能胜任编目工作。目前，许多高校图书馆因历史遗留问题或其他原因，只对部分编目人员进行了简单培训，或采取老员工带新员工的方式，导致编目人员没有认真理解和领会编目规则的作用及意义，没有仔细分析或鉴别文献的相关信息源，进而从整体上影响了高校图书馆的编目工作效率及编目质量。

三、高校图书馆编目工作策略的改进

(一)完善沟通机制，强化信息沟通反馈

编目工作是图书馆基础工作的重中之重，虽然不直接面对广大师生，但其工作质量直接影响到图书馆的服务质量。师生的意见反馈、需求等是高校图书馆编目工作的优化指导，广大师生的意见反馈是否到位得益于健全的信息反馈机制。鉴于当前信息反馈机制不健全的实际，高校图书馆必须加强信息反馈机制建设，疏通信息反馈渠道；关注信息反馈，对高校师生反馈的信息进行分析与处理，及时发现高校师生在检索、阅读过程中遇到的问题，明确涉及编目方面的不良因素等，进而改善图书编目的质量。

(二)拓展资源类型，优化电子文献编目

信息时代的高校图书馆馆藏资源更为丰富，资源类型更多样，这也对图书馆的编目工作提出了创新性的要求。图书馆必须意识到编目类型和对象的多元化，加强对电子资源的建设与管理。随着高校图书馆电子化资源、数字化信息不断增加，图书馆借阅服务打破了时间与空间局限，高校师生可以更便捷地获取海量信息资源，在此背景下，高校图书馆编目工作必须注重对电子信息资源的甄选，加强对电子资源的编目管理，对电子资源进行科学、合理、规范的整合，在电子资源编目建设管理与优化的基础上实现编目质量的稳定提升。

(三)发挥监督机制作用，提升编目工作质量

图书馆工作人员在进行编目工作时，要想提升编目工作的有效性，就一定要严把质量关，就要求图书馆必须建立完善的监督管理机制对图书馆的工作人员以及外包人员编目工作实现有效约束；通过充分发挥监督管理的作用，有效确保工作质量。首先，高校图书馆需要在实际的工作中逐渐加强外部监督，在选择能力水平达标的外包公司的同时还要严格审查外包公司的资质以及经验，只有保证科学合理地选择外包公司，才能实现对工作质量的有效提升。其次，高校图书馆还需要在工作中通过岗前工作培训的方式使工作人员明确整体的工作流程以及工作标准，逐渐提升整体的工作质量。最后，高校图书馆应该加强与外包工作供应商之间的合作关系，

以便能最大程度地提升图书数据资源质量。

（四）加强选拔培养工作，提升人员能力水平

为了满足新形势下社会对高校图书馆编目工作的最新要求，编目工作人员就需要通过岗位学习以及实践锻炼，使自身的能力水平以及服务质量都得到显著提升，这样才能有效解决在实际的工作过程中可能会遇到的各种问题。高校图书馆在实际的工作过程中要加强对图书馆人员的培训工作，有效提升有关人员的责任意识与能力担当。同时，工作人员除了具备传统的工作职能以外，还需要在实际的工作过程中充分发挥自身作为数据监督员、学科联络员以及文献导读员的重要作用，推动高校图书馆编目信息化转型。此外，编目人员还需要逐渐提升自身的计算机操作水平以及服务水平，积极参加教育培训工作以及自主学习，提升自身的编目工作能力。

第三章　高校图书馆阅读推广工作

"阅读推广"一词，源于英文"Reading Promotion"，我国研究者最早将其直译为"阅读推广""阅读促进"等，但因业内对其概念没有统一定义，所以不同的研究者从不同研究角度对"阅读推广"进行了解释。

一部分研究者认为，阅读推广是一种教学辅助活动，其作用是为了促进非正式学习。刘亮在对联合国教科文组织的阅读推广活动进行研究时发现，联合国教科文组织自成立便倡导和组织了阅读推广活动，比如全民教育和终身学习，这些项目的目的是为了促进教育。林翠贤在对青少年阅读推广实践进行研究时发现，中学图书馆阅读推广活动需要大力依靠图书馆的资源和服务。同时，图书馆需要通过改善青少年的阅读环境的方式，引导他们在阅读中学习和成长，以培养终身学习的习惯。金立、鲁黎明等在对个人读者参与阅读推广活动进行研究时发现，根据个人需求进行有针对性推荐阅读，可以更好的提高读者阅读兴趣、提升读者阅读能力，甚至帮助读者养成阅读习惯。

另一部分研究者认为，阅读推广是一种文化传播活动，其作用是为了在社会范围内推进阅读行为，使大众参与其中。谢蓉、方俊琦等从文化传播学理论的角度，将阅读推广归结为一种传播活动，其传播内容是通过一定的设计、组合、组织和配置之后的组合形成的。张超认为，阅读推广是一种动态行为，是将"阅读"这一动态的行为或思维活动作为目标，通过特殊方式进行文化传播的行为。李武认为阅读推广是我国图书馆界对图书馆营销推广和图书馆新型服务的统称，任何一种基于阅读或学习的文化传播方式都可以归为阅读推广。

还有一部分研究者结合我国实际，将阅读推广理解为一种促进全民阅读的活动总和。万行明认为"阅读推广"即推广阅读，就是各类图书馆和社会团体、组织以培养读者阅读习惯、激发读者阅读兴趣和提升读者阅读水平为目标而开展的所有工作的总称。王波认为阅读推广是以人人阅读为目的，以提高人类文化素质、提升各民族软实力、加快各国富强和民族振兴进程为目标的，需通过阅读来推进和实现的活动总称。

综上所述，阅读推广活动具有涉及面广、灵活性强、可拓展空间大的特征，因此也存在狭义和广义之分：狭义的阅读推广是指围绕某一主题开展的具体的阅读活动；广义的阅读推广包括以"阅读"为中心延展的各类文化活动和事业。在众多研究者对"阅读推广"的定义和分析中，张怀涛对阅读推广要素的分析相较而言更广为接受。他认为阅读推广与其他事物一样，是由一些不可或缺的要素所构成的，这些要素包括：目的、主体、对象、内容、活动、效果。各要素含义比较丰富，既具有个别性、多样性、可识别性、不可分割性等特点，又具有密切的关联性、相辅相成，它们之间的逻辑关系可以用图 3-1 来表述。①

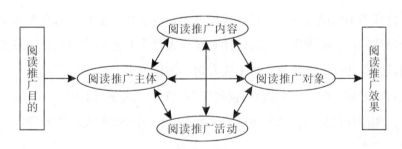

图 3-1　阅读推广要素逻辑关系图

第一节　高校图书馆阅读推广概念

《普通高等学校图书馆规程》中明确规定"高等学校图书馆是学校的文

---

① 张怀涛.阅读推广的要素分析[J].晋图学刊,2015(2).

献信息资源中心，是为人才培养和科学研究服务的学术性机构，是学校信息化建设的重要组成部分"，推动阅读、服务阅读、传播文化是高校图书馆重要的工作任务。高校图书馆作为高等学校重要的教学教研单位，其主要服务对象是高校师生，高校图书馆只有根据各学院、专业以及课外的阅读需求，根据不同师生读者个人的阅读兴趣，有针对性的进行各类资源和服务推荐，才能更加广泛地提升大学生的阅读兴趣、增强大学生的阅读能力，才能继承和传承优秀文化、提升国家文化软实力。

王波将"图书馆阅读推广"定义为：图书馆通过精心创意、策划，将读者的注意力从海量馆藏引导到小范围的有吸引力的馆藏，以提高馆藏的流通量和利用率的活动。① 本节选择借用王波教授对"图书馆阅读推广"所下的定义，将"图书馆阅读推广"引申为"高校图书馆阅读推广"，旨在讨论高校图书馆如何充分利用馆藏资源、馆舍空间及设备设施，发挥高校图书馆图情队伍的专业优势，根据学校师生特别是学生的图情需求，开展文献信息资源推荐及深化阅读活动的方法及途径。

高校图书馆阅读推广就是以高校图书馆为主体，主要面向在校大学生进行阅读推广、阅读服务，通过针对在校大学生开展一系列文献信息推荐和阅读组织活动，以帮助大学生读者培养阅读习惯、终身学习习惯和促进个人自由发展。"高校图书馆阅读推广"的含义，从字面上理解，主要体现在学生阅读权利保障、学生阅读素质提高、图书馆职能发挥以及学习型社会构建等方面。

第一，高校图书馆依托馆藏纸质书刊和数字化资源及馆内外空间，可以联合学校相关部门及校外组织，发挥阅读推广主体的主动性，营造书香氛围、引领阅读方向、激发阅读热情，从而引导大学生养成阅读习惯。

第二，高校图书馆阅读推广活动开展可以通过专业化的服务方式运作，就大学生的阅读状况，从阅读推广的角度进行调研，指导和帮助大学生养成

---

① 王波．阅读推广、图书馆阅读推广的定义：兼论如何认识和学习图书馆时尚阅读推广案例[J]．图书馆论坛，2015(10)：1-7.

自主阅读学习的意识，这也可以极大地促进大学生阅读素养的提升。

第三，高校图书馆阅读推广以传播优秀文化、弘扬先进价值观为主要内容，在推动大学生阅读能力提升的同时，有助于提升大学生思想素质、文化修养，一定程度上助力学习型社会建设。

第二节　高校图书馆阅读推广要素

高校图书馆阅读推广的基本要素是基于阅读推广基本要素的，但因为图书馆性质和定位的不同，其推广主体、对象、内容具有一定的特殊性。高校开展阅读推广的主要主体是高校图书馆，但同时学校其他相关部门也可以成为辅助主体；高校图书馆阅读推广的主要对象是高校师生读者；高校图书馆阅读推广的对象是指以高校图书馆为依托和载体的阅读资源。阅读推广工作中三者的关系是相互作用与相互联系的，但其中最主要的关系是主体促进对象和内容发生联系。所以，高校图书馆需要结合自身的特点，挖掘自身优势，对读者进行深入分析并提供有针对性的服务。

一、阅读推广主体

在高校阅读推广活动中，图书馆是活动的发起者也是组织者，是活动的实施者也是管理者，并在阅读推广具有主体作用。但好的活动并不能只依靠组织者的作用，学校相关部门作为领导机构、师生读者与社团、志愿者作为重要参与者都需要发挥自身在阅读推广中的作用。图书馆的推广活动可以通过和校内部门以及校外组织合作进行，包括校内的学工处、团委以及各个院系和社团联等，这种联合组织的优势一共表现在下面三点内容上。

第一，"图书馆搭台，学者唱戏"①，一方面可以解决院系由于缺乏完

① 覃熙. 高校专业阅读推广内涵及实践探讨[J]. 图书馆界，2016(5)：72-75, 88.

整的阅读资源而存在的困难，另一方面可以解决图书馆馆员队伍本身的专业和素养难以适应非图书馆学科专业阅读所涉及的深度问题。

以武汉大学图书馆医学分馆为例，该图书馆的合作对象为阅微书社，这是该学校一个学生社团组织。它们合作完成的项目为微天堂真人图书馆项目，参加项目的人都是对阅读有兴趣或有一定阅读能力的人。该项目通过采访真人，并制作相关的海报软文，最终出版真人图书进行准备，而读者阅读的方式是平等交谈。

真人图书馆首次开馆的时间为 2012 年 12 月 17 日，直至 2018 年 11 月 30 日，该图书馆举办的真人图书馆一共有 45 期，推广的真人图书一共有 107 本，参加图书推广活动的读者有 5000 位，其参与的形式有线上也有线下。在真人图书馆中，每一本图书的主讲人都是由该领域的专业精英或研究学者来担任，既有海外志愿者又有心外科医生，既有漫画家又有"90 后"优秀作家等。

第二，在课余时间组织开展讲座、沙龙，增进专家与学生彼此间的交流。微天堂真人图书馆的口号是"读有故事的人，做有深度的书"，倡导读者与主讲人之间的深度对话。在主讲人演讲(30 分钟)后，给现场及线上的读者提供更长的互动及问答时间(约 90 分钟)。学生多问几个"为什么"意味着会有更多来自各方面的想法可以交流，主办者创设良好的氛围，使"交流"变成了活动的一道亮丽的风景线。

第三，学生与教师面对面交流，不仅可以分享读书心得、研究感悟，还能够了解与读书生活相关联的个人经历、心路历程。微天堂真人图书馆通过读者与专家学者现场交流，引导读者学习读书技巧、治学方法，理解读书与学习生活之间的深刻联系。同时，专家学者对提高学生参与热情、吸引学生积极参与交流互动具有感召力。

在合作过程中，高校图书馆的主体作用主要体现在以下几个方面：

(一)营造人性化的阅读环境

阅读环境对读者的阅读能够产生非常大的影响。高校图书馆在追求环境目标时，要注重读者对于阅读环境的需求和建议，因为高校图书馆为读者开展的一切活动，都需要环境氛围。读者在利用图书馆的过程中也会时时刻刻与图书馆环境联系在一起，和谐舒适的阅读环境能够带给读者一种"阅读享受"，这种环境上的吸引能够促使读者对阅读产生浓厚的兴趣，进而产生想要去阅读的内在动力。

郭育凯在研究"星巴克"提供给顾客"第三空间"体验的时发现，"第三空间"的内涵和特点非常符合高校读者的特点和需求，应该被新时代的高校图书馆积极借鉴。

在打造这一空间时，图书馆要在馆舍布置上进行投入，从馆舍建筑到阅览室、共享空间等区域，都需要体现时代感和艺术感，只有如此才能给人以传播文明、陶冶情操的感染力；馆舍周围应配以绿地、雕塑、喷泉等设施以衬托出图书馆的雅静，从而以宁静典雅的文化氛围吸引读者。在功能布局上，图书馆的各类电子设施、馆藏资源的位置应该尽量以读者需求为先导，让读者能够在图书馆内顺利的使用图书馆。

(二)执行规范化的管理制度

图书馆的制度规范是图书馆实践的总结和概括，是图书馆发展客观规律的体现，是图书馆员与读者的行为准则。图书馆的运营管理与服务需要在规范化的管理制度要求下进行，但区别于其他部门，图书馆的制度建设需要更多地融入一些人文因素，表达对读者的人文关怀，需要更多地体现以读者服务为中心，建立健全即合理又人性化的规章制度。

在各高校图书馆结合自身具体条件进行制度设定时，同类型高校或同地域高校也可以建立一套体系一致、标准统一的制度体系，方便高校图书馆在进行区域联盟和馆际互借服务中能够为读者减少了解和适应不同制度的精力与困难。

(三)创新个性化的宣传推广

高校图书馆的阅读推广方式多为传统媒体与新媒体相结合，但在全媒体时代背景下，图书馆信息资源向多样化发展，信息服务更加立体，信息传播空间更加泛在，高校读者阅读习惯也随之发生了一些改变，读者阅读的载体日趋多样。这样的变化，对高校图书馆阅读推广产生了一些正面影响，刘小娜在研究中将这些影响总结为了：阅读推广渠道的多元化；阅读推广资源种类丰富；阅读推广范围扩大。高校图书馆应该主动了解和掌握大学生的阅读需求和阅读特点，通过不断地调整服务，有针对性的进行大学生阅读习惯的培养。

（四）建设专业化的推广团队

在阅读推广工作成为图书馆重要工作内容的同时，大多数高校图书馆也已经组建了专门的阅读推广队伍，有的图书馆还成立了专门的宣传推广部门或者阅读推广部门。阅读推广人除了需要具备图书馆员的职业素养，还应该具备一些策划、执行、公关等能力，尤其需要具备一定的文书撰写能力。良好的文书撰写能力能够帮助负责阅读推广工作的馆员在进行好书推荐时，更好的挖掘读者需求，在做好图书分析、评价和介绍时，更好的进行匹配推荐。

二、阅读推广对象

高校师生读者是高校图书馆的主要服务对象，其中大学生群体是高校图书馆阅读推广的主要对象。目前，高校图书馆阅读推广已经开始朝个性化、智能化方向发展，针对目标读者的定制化推荐也已经成为了读者对于图书馆服务的需求。因此，识别读者潜在的阅读需求和阅读特点是做好高校图书馆阅读推广工作的前提。

（一）了解读者阅读需求

高校大学生的身份具有双重性，他们既是仍然处于身心发展和世界观形成的时期的青年，也是需要进行知识储备并且肩负社会发展责任的新时代大学生。因此，这一群体的阅读需求也具有双重性，一方面大学生读者需要通过广泛且大量的不同类型书籍的阅读来帮助自身形成正确的三观，另一方面作为学生，大学生读者也需要通过对专业书籍的阅读和理解来完成自己的学业。

大学生的阅读倾向和阅读规律会随着其年级和知识积累程度的变化表现出差异性，高校图书馆应针对大学生读者的这一阅读特点，通过跟踪读者的借阅信息、检索记录等方法，提取和挖掘读者阅读兴趣，再通过个性化的阅读推广咨询和指导为各阶段读者进行服务。

（二）提供个性阅读服务

因为大学生读者所处的学习阶段不同，所以其阅读需求也具有阶段性特征，比如大一新生在初入大学时，还处于中学与大学学习模式变化和适应的阶段，对于大学阶段的学习方法还在摸索阶段，这一时期的学生最需要获得的是如何快速适应大学生活、学习，所以图书馆可以通过推出"新生书单"和对新生进行新生入馆教育的方式，帮助他们了解和利用图书馆资源，并树立正确的阅读动机。

大二和大三的学生在这一阶段已经初步形成了自身的阅读习惯，但由于高年级阶段的专业课程学习任务较重，对于专业课程知识的需求也更多，因此需要借阅和阅读的书籍偏向专业类图书。高校图书馆在了解到各专业学生不同专业阅读需求的同时，可以通过联合学院和"学长推荐"等方式，为他们推荐合适的专业类图书，指导他们加强对专业知识的学习。

大四或毕业年级学生，他们的阅读目的更多地集中撰写毕业论文和毕业就业这两方面。高校图书馆能够提供给毕业年级学生的阅读服务包括对毕业论文相关的专业文献查找、咨询服务；对毕业就业导向的学生而言，图书馆可以尽可能多地为他们提供职业规划讲座、公考考研等考试参考类图书资料等服务。

高校图书馆应该以数据为导向，挖掘读者阅读倾向，为读者建立阅读档案，提供有针对性的个性化的阅读服务。

（三）打造阅读推广阵线

阅读推广已经成为了高校图书馆进行资源推荐和读者服务的重要方式，但图书馆作为学校的一个部门，其人力和资源都比较有限，需要借助学校其他部门的力量共同开展工作。在这一过程中，图书馆下属的学生读者管理委员会、学校学工部、校团委、学生社团联等都可以成为图书馆联系工作的对象。这些与学生活动息息相关的部门和组织，具备更多和更直接的信息传播途径，能够更快的获得大学生读者在活动中的感受、感想等反馈。同时，邀请学生社团等加入阅读推广活动，还能够在活动策划初期获得更多符合大学生阅读特征的策划提案，筛选更好的活动方案。

三、阅读推广内容

高校图书馆阅读推广的内容是指在高校图书馆通过对阅读推广主题进行深度挖掘后集合而成的符合推广主题的阅读资源。具体包括以阅读文本为主，阅读工具、阅读方法、阅读理念、阅读文化为辅的各类内容。其中，最重要的阅读文本包括纸质资源与电子资源两类，而推广的方式也包括了传统的线下推广和新兴的数字推广方式。随着数字阅读的逐渐普及，数字阅读推广也已成为诸多学者的研究对象。

图书馆馆藏是阅读推广的主要内容之一。通常来说，图书馆馆藏的类型，一共有三类：第一类为现有馆藏，第二类为未来馆藏，第三类为延伸馆藏。

（一）现有馆藏

图书馆现有馆藏资源的推荐方法比较依赖于图书管理集成系统附带的推荐功能。但随着图书馆文献资源建设数字化程度的不断加深，如何让读者在海量资源中快速找到所需要的文献，或者如何增强知识的可及性，在今天是图书馆必须面对并亟待解决的重要课题。

　　李民等①通过对国内 116 所"211 工程"院校图书馆资源推荐系统进行网站访查和问卷调查，发现其问题主要表现在图书馆推荐系统个性化程度不高，过于依赖图书管理集成系统所附带的推荐功能，不够系统化、智慧化，推荐系统的满意度有待提高等方面。在此背景下，随着图书馆馆藏资源增加、大数据技术应用以及读者需求多元化，图书馆在揭示现有馆藏方面开始尝试利用新型智能技术寻找读者感兴趣的资源，及时将海量资源推送给有需求的读者，充分发挥现有馆藏的作用。比如，广泛应用于计算机领域和电子商务领域的用户画像技术，该技术通过现有的用户相关数据，包括用户的消费习惯、社会属性以及生活习惯等，分析出用户的需求偏好，并通过建立一些标签将偏好表示出来，② 是当前图书馆计算机辅助分析读者需求特征、实现精准图情服务的一个热门话题。

（二）未来馆藏

　　高校图书馆近年来对未来馆藏建设计划采用了创新形式，这对阅读推广和校园文化建设有很大促进。

　　第一，推出了图书荐购的活动，即"你荐书，我买单"。管理员在活动开始之前需要做好前期调研工作，对荐购的图书进行挑选，之后在现场为需要该图书的教师或学生进行借阅或加工。该活动使用了一种全新的服务模式，通过现场选书、现场加工以及现场借阅的方式，为读者提供针对性的服务，提供可以满足读者需求的图书。该活动自举办起就受到广泛的一致好评，也使图书的借阅率得到了有效的提升。

　　第二，推出外文原版学术图书展的活动，并在展览的现场就对图书进行选购。举办该图书展的目的有两点：一是为了使图书馆的馆藏更具有学术性，更加的专业化；二是为了提供更多的资源保障给高校的学科建设工

　　①　李民，王颖纯，刘燕权 . "211 工程"高校图书馆馆藏资源推荐系统调查探析[J]. 图书情报工作，2016(9)：55-60.
　　②　王庆，赵发珍 . 基于"用户画像"的图书馆资源推荐模式设计与分析[J]. 现代情报，2018(3)：105-109，137.

作以及科学研究活动。这种活动有利于丰富高校图书馆外文原版馆藏，助力教学科研，提高学生阅读兴趣，满足学校教学科研对外文原版图书的需求，推动书香校园建设，为师生营造良好的阅读氛围。

第三，以图书排行榜为索引，寻找高质量的图书，推进阅读推广。我国每年出版图书约 30 万种，主流媒体的读书专版或读书频道都会定期推出图书排行榜。图书馆工作人员综合考察多个图书排行榜就会对出版动态、一段时间内的图书精品有所了解，将图书排行榜作为寻找和推荐高质量图书的线索，是切实可行的。

比如：中国图书评论学会推出了一个名为"中国好书"的排行榜，在年度的排行榜中，被称作"中国好书"的图书为当年影响力最大的图书，并在中央电视台一套的一档专题节目中，将"中国好书"发布出来，设立该排行榜的目的是向公众推荐好书，并通过这些书籍传播正能量精神，并带动国民阅读，具有一定的权威性质。国家图书馆文津图书奖是在国家图书馆的倡导下，由全国各类型图书馆、读者、专家及媒体共同评选产生的公益性优秀图书奖项。自 2004 年起由国家图书馆为主办单位进行策划组织，评选包括哲学社会科学、自然科学、少儿图书等在内的大众读物，以提高公众的人文素养和科学素养。

入选"中国好书"和文津奖的图书，紧随时代前进步伐，在社会政治、经济、艺术创作、社会生活等诸多方面有较高艺术水准和制作水平，能够指导读者建立健康科学的生活方式，给人以较高的审美享受。这种采用文献调研与网络搜索相结合的方式，可以保证图书馆用优质图书扩充馆藏资源，实现阅读推广内容的品质大幅提升。

(三) 延伸馆藏

在读者需求面前，单个图书馆的馆藏总有不能满足读者需求的时候。因此，高校图书馆之间加强合作、实现资源共享具有特别重要的意义。馆际互借和文献传递是传统的馆际合作、资源共享的有效方式之一。

在纸本主导馆藏的时代，对于读者需要的图书，可根据图书馆之间的协议，通过馆际互借的方式满足读者需求。比如，一本很珍贵的图书，学术价值很大，应该向读者推荐，但因昂贵，图书馆没有收藏，就可以通过馆际互借和文献传递等途径获得所需文献，弥补馆藏资源因馆舍和经费限制而无法完全满足读者需求的困难①。

在网络信息技术条件下，数字化电子文档能够通过互联网迅速传达到任何联网的终端。文献传递就是信息化、数字化条件下新型的文献共享方式。文献传递的流程大致是：读者通过文献共享平台一键检索所需要的文献，检索到文献所在图书馆，向所在馆发出文献请求，对方管理员将文献数字版传递至读者指定的邮箱。目前，国内外较为著名的文献互借传递平台有美国的"立借"系统、上海交通大学的"思源探索"、复旦大学的"望道溯源"等。

"立借"系统是由三个大学于 1999 年共同建立而成，包括耶鲁大学、哥伦比亚大学以及宾夕法尼亚大学，其建立的主要目的是辅助美国泛常春藤盟校(Ivy Plus)的馆际互借项目。在该项目中，图书馆之间可以通过系统完成自动化交互，用户需要先提交申请，系统会自动发出邮件，提醒用户的事情是否成功，但并未为用户提供图书的邮寄信息。

该系统通过一个简单的搜索界面，为教师、学生和员工提供美国泛常春藤盟校图书馆集体馆藏。读者可以从约 9 000 万册图书的联合目录中搜索和索取研究资料。同时，系统会在合作伙伴中根据实时货架状态和负载均匀分配请求，确保所有请求在 3~5 天内处理完毕，在馆际互借周期内提供借阅资料的本地流通和综合资源管理。

在我国，提供馆际互借服务对质量的要求最高，对质量的控制最严格，收获的服务效益最好的体系为中国高校人文社会科学文献中心，用英文表示为 China Academic Social Sciences and Humanities Library，简称为 CASHL。该体系是全国范围内唯一一个与人文社会科学文献相关的保障体

---

① 王波. 图书馆阅读推广的定义、类型、方法：在"图书馆阅读推广理论与实践"专题研讨会上的演讲[J]. 上海高校图书情报工作研究，2017(1)：6-19.

系，使用 CASHL 借阅图书，所有的图书借出的时间不会超过 3 个月。

在 CASHL 系统中，关于人文社会科学领域的国外重要期刊共有 7500 多种，电子期刊有 900 多种，电子图书有 20 多万种。北京大学与复旦大学是 CASHL 的全国中心，其区域中心共设置在了 5 所大学中，学科中心共设置在了 10 所大学中。

从馆内资源到馆外资源，从现有资源到预备资源的建设，是图书馆能够提供阅读服务、开展阅读活动、进行阅读推广的基础，也是推广的重要内容，资源建设质量的高低直接影响阅读推广工作质量的高低。

第三节　高校图书馆阅读推广现状

一、我国高校图书馆阅读推广方式

受全民阅读倡议的影响，我国高校图书馆一直在积极探索和推动阅读推广的各项举措和方式。当前我国高校图书馆阅读推广通常是在特定主题下，采用立体多元的方式来开展活动。陈幼华将阅读推广活动分为"观、听、读、说、写、演、赛"等多个方面，并且通过调研对这几方面活动方法采用度，调研结果显示超过五成的高校图书馆最常采用的 10 种推广方式：图书推荐(94.35%)、讲座(85.31%)、展览(77.97%)、优秀读者选评(73.45%)、读书沙龙或研讨(72.32%)、写作(征文或书评)(71.75%)、图书捐赠或漂流(68.93%)、阅读+朗诵或表演秀(60.45%)、志愿者活动(53.11%)、阅读数据报告(51.41%)，这些方式构成了高校图书馆阅读推广的日常。而调研中真人图书馆、阅读微拍及推荐、共同阅读、21 天阅读打卡等方式，因为其创意性，也在一定程度上获得了读者亲睐①。

---

① 陈幼华. 高校图书馆阅读推广理论与方法[M]. 北京：朝华出版社，2020：103-104.

二、我国高校图书馆阅读推广特点

目前，我国高校图书馆阅读推广多通过积极运用网络资源、新媒体技术的方式，打破了时间和空间的限制，实现了推广形式内容的创新；通过以点组线、以线构面的方式，构建了以时间、空间、内容形式为轴的多维度、立体化的阅读推广体系，使我国高校图书馆阅读推广具有了立体化特征。

"以点组线"一是指阅读推广组织者以图书馆馆员个人为基础，联系校内其他师生，组建阅读推广人团队，形成了"馆员—教师(专任教师、辅导员)—学生"联动的组织线；二是指阅读推广活动虽以单场单次为统计，但在时间上能够贯穿大学生学习生涯，形成了"周—月—节—假"和"新生月—读书月—毕业月"两条不同的时间线。

"以线构面"一是指图书馆阅读推广对以"观、听、读、说、写、演、赛"为主要方式的各种活动进行了融合，使读者能够在同一个活动中感受推广内容的多样性和全面性，同时读者也能够通过多种方式参与活动；二是指图书馆能够通过技术升级和媒体更新等方式，弱化时间、地域、展现方式等限制因素，突破传统模式，构建以数字阅读推广为核心的新阅读推广网络。

三、我国高校图书馆阅读推广存在的问题

(一)定位模糊不准

图书馆是进行阅读推广工作的前沿阵地，大学图书馆更是大学师生读者进行阅读推广的首要阵地。杨新涯提出大学图书馆主要服务于大学学术研究，属于参与教学与研究的学术性机构。其定位、使命、资源性质、服务对象都带有"学术性"标签，因此阅读推广导向也应该区分于公共图书馆的"公益性"定位，多向学术服务倾斜①。目前，高校阅读推广活动仍然延

---

① 杨新涯，尹伟宏，王莹. 论大学图书馆阅读推广的转型[J/OL]. 图书情报工作.

续多年以来线下传统媒体开展，如书友会、读书沙龙、阅读征文、图书漂流等，同时也伴随了微信、微博、网站等网络在线推荐，这些活动多在世界读书日、读书月、纪念日等时间段开展，活动持续时间短暂且形式与公共图书馆相似。

（二）内容区分度低

高校阅读推广实践中，存在着活动形式大于内容、对象不够明确、活动参与度不高、活动持续性弱等问题①。同时大部分推广活动都有相互借鉴、形式陈旧的问题②。一些高校在举办阅读推广活动时，仅从图书馆角度出发，根据以往的经验开展活动，并没有对学生的兴趣、心理特点及实际需求进行详细的调查，甚至没有任何来自学生的建议参与到活动中③，导致高校阅读推广活动面临了从众度高，分众度低的问题。另外，高校图书馆的数字资源馆藏规模虽日益扩充，但对于数字资源的推广却比较落后，大部分资源推广仍然集中在馆藏纸质资源的推荐上，对数字资源的分类与推广多通过信息咨询、学科服务、嵌入式培训等方式，较少通过阅读推广活动进行。

（三）技术更新较慢

尽管我国高校图书馆智慧化的呼声和举措越来越多，但阅读推广、推广服务的智慧化却普遍落后于馆舍资源等硬件智慧化。目前，大部分高校图书馆已开通微信公众号、服务号，并且多采用微信公众号向师生用户推送资源、活动等信息，但推送形式单一且单向，推广缺乏时代前沿技术，

---

① 张勇. 我国高校阅读推广研究演进路径、热点与趋势分析[J]. 图书馆工作与研究，2020，（08）：87-97.

② 袁红霏. 高校图书馆开展阅读推广工作现状研究[J]. 兰台内外，2019，（07）：43-44.

③ 闫方宇. 高校图书馆阅读推广中存在的问题及对策[J]. 新西部，2019，（03）：109-110.

如：大数据分析、定向推送、人工智能应答、微视频等应用，无法切实帮助学生读者进行学术上的查漏补缺，无法满足读者求新求异的心理需求，无法激发读者的参与热情和积极性，也无法形成读者与图书馆的互动，容易造成读者对阅读推广活动逐渐丧失兴趣，也使阅读推广活动难以达到理想的效果。

(四)专业人才短缺

阅读推广人是阅读推广活动的策划者、组织者、实施者，阅读推广人这一角色也已经被大众熟知。随着阅读推广成为图书馆主流服务的一部分，高校图书馆馆员更是成为了高校图书馆阅读推广工作的主力军。但目前，我国阅读服务专业人才的供给严重不足，虽然中国图书馆学会每年都会开展行业培训，且已经培训了一批图书馆阅读推广急需的人才，但仍然无法满足巨大的需求缺口。与此同时，高校阅读推广人主体单一，大部分由图书馆馆员担任，在实际推广工作中，缺乏与专任教师、辅导员、学生志愿者、社会名人等群体的联络与交流，没有很好的吸引这部分人群的加入，致使推广工作思路单一、缺乏创新，不和读者口味。

(五)部门联合度低

外部联合不够：大部分高校图书馆在开展阅读推广活动过程中，还是仅限于本校师生读者，并未通过"校校联合""校企联合"等方式面向本高校以外读者开放。这样的推广方式影响力弱，无法形成叠加效应。内部融合不够：高校图书馆开展阅读推广工作过程中，与学校其他职能、教学部门的联系不够，很多活动仅为图书馆组织开展，没有利用与学校其他组织的关系，使推广内容在学生中高度覆盖。

(六)评价体系不健全

阅读推广的目的是为了引导读者养成良好的阅读习惯，但这种隐形的目的很难用量化指标去评定，目前，国内还缺乏对阅读推广工作的科学评价体系。对于推广活动的评价体系，谢燕曾在其研究中指出，阅读推广活动要加强内容吸引力、活动宣传、方案、形式多样性和馆藏资源等方面的控制质量，同时对于阅读推广的组织管理评价体系，也要加大对活动时间、互动性、激励、制度基础、经济基础等方面的投入，这些指标的管理关系到阅读推广活动的整体质量。在实际工作中，我们却很难对以上指标进行权重分配，进行量化计算。

第四节 高校阅读推广的发展趋势

一、数字时代对阅读推广的影响

(一)环境因素变化

《中国互联网络发展状况统计报告》是由中国互联网络信息中心(CNNIC)发布的，在其第 47 次的报告中指出，我国网民的规模在 2020 年已经增长到了 9.89 亿人，与同年 3 月份相比，网民人数增长了 8 540 万人，从显示的数据来看，我国的互联网普及率已经达到了 70.4%。

国家根据实际情况出台了相关的政策，并以此来鼓励互联网娱乐业的发展，并引导其向健康的方向发展。在这样的时代背景下，人们获取信息的工具主要是一些电子通信移动终端，比如，平板电脑、笔记本以及手机等。通过收集一些相关数据并做出分析之后发现，在阅读方面，网络文学的用户规模直到 2020 年 12 月份占整体网民的 46.5%，其规模已经达到了4.6 亿人，与同年 3 月份相比增长了 475 万人；其中使用手机进行阅读的网络用户占整体手机网民的 46.5%，其规模为 4.59 亿人，与同年 3 月份相比增长了 622 万人。

一系列数据表明信息化社会与数字化社会不仅改变了人们获取信息的方式，也改变了人们获取信息的途径，高校图书馆阅读推广也在这样的社会中研究出了新的推广模式。

（二）阅读载体数字化

从信息生产来看，人类不到一个月时间产生的信息量超过过去历史的总和，在信息海量增长的同时，原创信息在信息总量中的比重越来越小；从信息的储存来看，数字技术已经可以将绝大部分信息以二进制摹写，信息储存几乎摆脱了空间的束缚，"万卷书"可以全部储存到手机或电子阅读器里，放进口袋，成为名副其实的"移动图书馆"①；从信息的传播来看，互联网可以瞬间将信息从一处终端传递到世界任何一处终端，信息传递几乎摆脱了时间的制约；从信息的消费来看，人们可以便捷地获取大量信息，信息短缺现象基本消除，信息消费空前高涨。数字化对阅读的影响，最直接的是文献载体的改变，电子终端成为多数人尤其是年轻人的选择；网页、网络小说、博客、数据库、电子书等数字化读物成为阅读对象，而且渐成主流；在阅读方式上，随时随地阅读已成现实，娱乐消遣碎片化阅读已成气候等。

高校图书馆在适应新媒体的发展过程中，不仅要落脚在有效利用门户网站、微博、微信、QQ群等新平台和新途径上，而且要厘清数字时代的内在逻辑，为读者成长给予全方位的支持。

（三）推广媒介多样化

人们生活在这样的大数据背景下，获得信息的速度变得更快也更准确，同样的，在阅读方面，用户与读者都能通过网络媒体及时获得最新的动态消息，以及阅读资源。在高校图书馆中，信息化手段为推送图书馆最新动态与文献资源提供了最有力的支持，让用户读者体会更精准的推广服务，并使该服务产生更加深远的影响。②

高校图书馆可以利用媒体技术以及自身的资源优势提高图书推广的效

---

① 王家莲．图书馆微书评应用前景探析[J]．图书馆建设，2013(1)：56-58.
② 刘丽杰，范凤霞．大数据环境下高校图书馆阅读推广策划与实现路径[J]．西南民族大学学报(人文社科版)，2017(8)：225-228.

益，通过分析读者阅读的习惯，以及接受信息的规律，对推广的内容进行分层，并挑选最优时段推广优质内容，从而增强推广活动的实际效果。例如，馆员可以利用微信或 QQ 等交流软件建立微阅读群，在群中添加具有相同阅读需求的读者与用户，并提供一个主题内容，让他们在群中进行讨论与交流，在加强与用户之间互动的同时进一步了解用户的需求。

高校图书馆在做图书推广活动时可以采用新技术，为推广增添感染性与时代性。有一些高校的图书馆还会设立专门的体验区，例如新技术体验区与移动阅读体验区等，其主要目的是利用大学生对新技术的好奇心开展阅读推广。

（四）大数据分析推动

如今已经有许多领域都开始应用大数据，但其应用的方法与程度，在不同的领域却是不一样的。大数据实际上只是一个短语，其主要作用在于对海量的数据进行描述，包括结构化类型数据与非结构化类型数据。大数据一共有四个特点，即数量大、种类多、更新快、真实准确，用英文依次表示为 volume、variety、velocity 以及 veracity，其特性也因此由"4V"来表示。

大数据所包含的内容有很多，包括个人大数据、业务流程大数据以及社会大数据等，其所涉及的领域也十分广泛。在生产、传递信息与收集信息方面，应用大数据可以降低投入的人力，同时缩短了工作操作的时间，在分析信息与解释信息的工作上，大数据能够发挥其重要的作用，根据给出的数据信息，大数据还能做出正确有效的决定，并且存在一定的依据。①

在高校图书馆中，也包含了许多的大数据内容，例如，用户数据、书目数据、内部业务数据以及服务数据等，通过这些数据分析，可以有效整合图书馆资源，可以对用户的阅读习惯进行分析、可以了解用户的阅读评

---

① 陈传夫，钱鸥，代钎珠. 大数据时代的数字图书馆建设研究[J]. 图书情报工作，2014(4)：40.

价等多个方面的内容，还能明确用户的需求并以此为依据提供更优质的服务。图书管理员在工作的过程中也需要学会利用大数据，通过分析数据信息，了解数据信息，对有价值的信息内容进行整合，辅助完成日常的图书工作，并为阅读推广工作提供具有方向性的指导。

阅读的意义和价值在于增进读者的理解力，在阅读中认识自己、世界及二者之间的联系，形成从容不迫应对所有困境的智慧。这是阅读的本质功能，无论文献载体是纸本的还是数字的，无论任何时代，都是如此。阅读推广从根本上讲，就是引导学生回归阅读的本质。高校图书馆需要明确读者的阅读需求，还要了解读者的阅读行为，在为读者提供基本的技能服务时，需要以读者为中心，对读者的阅读体验进行提升，对阅读的生态系统进行完善，培养读者产生深度阅读的意识，并推动读者得到全面发展。

图书馆同样是一个有机体，并且在不断地成长着。吴建中先生认为，图书馆的载体形态需要得到丰富，并以此来推动多元化的知识得到流通，努力将图书馆打造成第三空间用于支撑创新与促进创新，帮助用户提升其阅读素养，激发社会群体间的阅读活力。①

二、高校图书馆阅读推广的发展趋势

高校图书馆阅读推广是以高校师生读者为主要对象，通过纸质和网络等媒介传播图书馆馆藏纸电文献资源，通过传统推广与创新服务进行信息传播与获取的资源推荐方式。其目的和意义在帮助读者养成阅读习惯，促进读者实现终身学习的同时，推进"书香校园"建设与"全民阅读"进程，实现国家、民族、社会的思想进步与文化水平提升。在新技术发展背景下，阅读推广不光要成为高校图书馆资源介绍与利用的有效途径，和图书馆解决资源与获取不对称问题的重要方式，还应该成为帮助读者提升信息甄别

① 孙鹏，王磊. 高校图书馆创新发展趋势分析[J]. 大学图书情报学刊，2018（1）：75-80.

能力、培养文献阅读兴趣、增强文献阅读素养的垫脚石。

（一）运用新兴媒体，做好导读平台

随着数字技术的发展，人们的阅读习惯产生了非常大的变化。电脑、手机、平板电脑、电子阅读器等设备的更新换代，让越来越多的人选择通过电子设备进行数字文献阅读。网站、App、阅读小程序等应用的开发让读者有了更多阅读途径和选择。面对众多的阅读途径选择，图书馆需充分发挥资源和技术优势，利用和开发各种新型阅读平台进行经典推荐和导读。

图书馆可通过提高馆藏资源中经典著作的比重，提高馆藏资源的质量；同时，图书馆需对读者借阅数据进行统计分析，增加读者借阅量较大类型图书的馆藏量，满足读者借阅需求。在馆藏资源优势形成前提下，图书馆可利用或开发导读平台，设置经典导读栏目，引导大学生从不同类型的经典作品中汲取精神养分，构建完整人格，通过对读者进行科学阅读的引导，帮助大学生形成良好的阅读习惯，树立科学的阅读观。如：南京大学自 2015 年正式启动"悦读经典计划"，通过编撰经典读本、建设研读课程、实施导读机制和活动营造氛围的方式，将文学、历史、经济、自然等各类经典在全校各年级中进行通识课学习，并且邀请中外名家开发和建设了"悦读经典慕课"，丰富了学生经典阅读的选择①。

（二）应用数据分析，做好精准推送

阅读推广工作人员需要通过利用图书馆现有的数据采集、处理、分析技术，实现对读者借阅数据、咨询数据、浏览数据、访问数据等阅读数据的集中整合，并通过技术人员进行存储设备客户端、数据日记、多方平台等多源异构数据进行数据分析，对读者身份信息、借阅内容、阅览方式、

---

① 南京大学实施"悦读经典计划"实施方案［EB/OL］.［2018-05-06］. https：//ias. nju. edu. cn/fb/0b/c13115a260875/page. htm

阅读时长等信息进行筛选、过滤、处理，之后借助大数据智能分析和推荐，对本次活动对象、内容、方式、预期效果进行科学预判和组织。在此基础上，通过线下定点推广、网络资源推送、定制阅读任务、定向信息服务等途径，将"智慧化""专业化""学术化"思路贯穿整个活动组织规划与实施之中，引导读者在参与阅读推广活动的过程中，能够尽快找准信息，完成阅读需求。

（三）注重经典推荐，引导阅读方向

阅读推广作为培养大学生正确价值观的有效途径，需要充分利用经典名著名篇的力量，积极发挥文献阅读的作用，以"红色经典""中华传统文化经典"等优秀思想的传播作为推广核心，建立文化自信。河北科技大学图书馆在引导大学生进行红色经典阅读过程中，通过连续举办"读书月"红色经典阅读推广活动、建立"红色经典阅览室"、编制《红色经典阅读推荐书目》、建设"红色经典阅读推荐书目数据库"等方式，宣传了红色文化与红色经典[1]；辽宁大学图书馆通过在"中华传统经典立体阅读之旅"系列活动中增加声音、色彩、触感等直观体验模式，打造了"古书之美""国学经典""古典文学"等立体阅读模块[2]。高校图书馆可以通过阅读推广活动，将经典置于现代环境，让读者在没有理解障碍的环境中得到精神滋养。

（四）建立激励机制，落实阅读行动

面对大学生的阅读推广形式很多，但要从根本上推动大学生落实阅读行动还需要从阅读推广的主体入手，图书馆与教务部、团委、各院系可根据对读者阅读特点和阅读需求的调查，通过开设"阅读推广课"、设置阅读学分制等方式，对学生读者进行有效激励和引导，鼓励读者养成阅读兴

① 刘平，邹丹丹．大学生红色经典阅读推广与高校"书香校园"建设——以河北科技大学图书馆为例［J］．兰台世界，2017（01）：108-110．
② 刘纪刚．高校图书馆阅读推广理论与实践［M］．北京：九州出版社，2019．

趣，形成阅读习惯。目前，已有多所高校实施阅读学分制，读者通过参与读书活动、阅读推荐书籍、发表阅读心得等方式在学院、团委、图书馆或学校其他指导部门进行认定，获得奖励学分；还有部分高校设置了人文素质教育学分，其中也包括阅读学分①。

① 王新才，谢鑫. 阅读行为视角下高校图书馆实施阅读学分制的动力研究[J]. 大学图书馆学报，2017，35(01)：72-78.

第四章　高校图书馆读者服务工作

读者服务工作，又被称为用户服务工作，是指图书馆文献的使用和服务工作，如文献借阅、宣传、阅读推广、参考咨询、文献检索、网络服务等，以及读者发展、研究、培训工作。此外还包括科技查新、专利查新、专题信息服务等信息工作。高校图书馆读者服务工作以"读者第一、服务至上"为服务宗旨，为师生读者提供所需要的文献资料，以满足读者需求，并在此过程中发挥人才培养、科学研究、社会服务、文化创新的作用。读者服务工作是高校图书馆工作的重要工作，是连接图书馆与读者的纽带，是图书馆服务性质的体现。近年来随着信息技术发展与科学技术推动以及各种应急突发状况的出现，高校师生读者对高校图书馆的服务需求也发生了较大的变化，为适应这些变化以更好地服务读者，高校图书馆需要主动积极地提升自身软硬件条件，时刻掌握读者需求动态，及时调整读者服务内容。

第一节　高校图书馆读者服务工作的类型

一、借阅流通

高校图书馆服务的用户主体为具有一定科研能力和学术研究能力校内师生，这部分读者对于文献信息的需求普遍较大，而图书馆馆藏资源是有限的，在解决和调整有限馆藏与无限需求的矛盾过程中，需要流通借阅工作来进行调节。文献的借阅流通方式有很多，包括图书外借、馆内阅览、馆际互借等方式。

(一) 图书外借

图书外借服务是图书馆流通服务最传统的方式之一，是指读者将图书馆馆藏资源借出图书馆使用，并在一定期限内归还。读者通过图书外借的方式，可自行安排阅读的时间、内容，不受图书馆的开放时间与阅览空间限制。图书馆鼓励读者的借阅行为，但与此同时也强调借阅规则。一般而言，图书馆都会有明确的读者借阅权限与外借规则。有一些图书馆会根据读者类型的不同，设置不同的借阅权限，这一不同主要表现为教师和科研人员的借阅权限在借阅册数、借阅周期上多于学生，研究生又多于本科生，如中南财经政法大学图书馆，通过上调借阅数量的方式解决了读者借阅需求，但在借阅权限上仍有差异：在调整前本科生每人仅可借 5 册书，研究生和教职工可借 15 册书，调整后则本科生可借 15 册书，研究生、教职工可借 25 册书；有一些大学图书馆各类型读者权限的差异表现为借阅期限的不同，如武汉大学图书馆，教职工、博士生的借阅期限为 90 天，硕士生 60 天，本科生为 30 天。

表4-1 中南财经政法大学图书馆借阅权限

读者类型	借书册数		借书期限	续借
	调整前	调整后		
本科生	5 册	15 册	60 天	可续借一次，续借期限为 30 天
研究生	15 册	25 册	60 天	
教职工	15 册	25 册	60 天	

表4-2 武汉大学图书馆借阅权限

读者类型	外借书借阅权限							保存本借阅权限						
	外借数量（册）	借期（天）	每册续借次数	续借期（天）	预约数量（册）	预约保留期（天）	逾期费（元/册·天）	外借数量（册）	借期（天）	每册续借次数	续借期（天）	预约数量（册）	预约保留期（天）	逾期费（元/册·天）
教职工	30	90	1	90	30	3	0.1	5	10	1	10	5	3	2
博士生	30	90	1	90	30	3	0.1	5	10	1	10	5	3	2
硕士生	30	60	1	60	30	3	0.1	5	10	1	10	5	3	2
本科生	30	30	2	30	30	3	0.1	5	10	1	10	5	3	2

（二）馆内阅览

馆内阅览是指读者将所选图书于图书馆阅览室内进行阅览的行为，这一行为强调图书馆内可提供的阅读空间与阅读服务。馆内阅览看似是一项读者自身的阅读行为，实际则是图书馆基础服务工作的体现，主要包括为读者提供舒适的阅览场所、对师生的阅读开展指导、对图书目录进行编排、对图册进行整理等工作，使读者的阅读效益得以提升。高校图书馆的阅览服务主要包括三方面内容。

1. 科学的阅览空间

图书馆阅览空间是充分考虑纸质资源与数字资源存储和利用的需求，以及读者的阅读需求而建设的。图书馆内的中央空调、无线网络、阅览空间、交流空间、休闲空间等都是为了让读者有一个良好的阅读环境。通常图书馆会在入馆位置设阅览服务大厅，内设检索处、咨询处、借还处、办证处等，并在大厅摆放或悬挂馆藏分布图、读者导引图。阅览室工作人员需要通过排架、整架的工作让书籍排架整齐有序，图书架牌要美观醒目，并根据读者需求，标注库室名和起止分类号等，便于读者查找文献，同时阅览室要有宽敞明亮的空间、舒适的桌椅、整洁干净的环境、安静且舒畅的气氛。休闲区摆放的花草、盆景，能给读者提供美化的环境，营造良好的阅读气氛，陶冶读者的情操。除阅览室外，越来越多的高校图书馆还有学习共享空间、数字资源阅览空间供读者使用。

2. 完善的文献资源

完善的图书资料能够更好地契合读者的使用感受和心理需求，满足读者自我学习与群体阅读、协作创新与研究交流等多样性需求。图书馆的文献资源体系清晰、完善，读者在使用过程中能够对图书馆的整体馆藏情况以及各个阅览室的藏书类别情况等有一个清晰的了解，同时便于工作人员对图书馆的管理。目前大部分高校在进行文献资源分类工作时，都采用《中国图书馆图书分类法》，简称《中图法》进行图书分类，它的标记符号采用汉语拼音字母与阿拉伯数字相结合的混合号码。即用一个字母表示一个大类，以字母的顺序反映大类的序列，字母后用数字表示大类以下类目的划分，数字的编号使用小数制。分类以"从一般到具体"的"总-分"原则将图书分为五个基本部类、二十二种大类列示如下。

A 马克思主义、列宁主义、毛泽东思想、邓小平理论

B 哲学、宗教

C 社会科学总论

D 政治、法律

E 军事

F 经济

G 文化科学、教育、体育

H 语言、文字

I 文学

J 艺术

K 历史、地理

N 自然科学总论

O 数理科学和化学

P 天文学、地球科学

Q 生物科学

R 医药、卫生

S 农业科学

T 工业技术

U 交通运输

V 航空、航天

X 环境科学、安全科学

Z 综合性图书

3. 及时的图书推荐

图书馆除了提供文献资源"藏、借、阅、检"的基本服务以外，还需要承担学术研究和创新实践的教育职能，以及优秀文化交流与宣传的职能，因此图书馆还承担着各种图书资料的及时推荐与宣传工作。由于图书馆资源种类繁多，面对大量的图书资源，读者在短时间内很难及时、充分地查询到所需要的图书资料，这就需要图书馆工作人员及时做好对新书、好书的推荐与宣传工作。例如，通过设置新书展架、公众号好书推荐专栏、馆内出版物等方式将新书、好书推荐给读者。

(三) 馆际互借

馆际互借是指为了满足本馆读者的需求，高校图书馆之间或图书馆与其他情报部门之间进行的一种特殊的外借服务，包括图书的借入与借出。它与"文献传递""馆际借书"等业务一样，都是为平衡读者日益增长的文献需求与图书馆有限馆藏资源之间的矛盾。目前，我国许多服务机构和行业联盟已经在使用的较为成熟的文献服务体系有 CALIS①、NSTL② 等。互借范围目前也已经又区域内图书馆互借发展为国与国之间的馆际互借，这些服务打破了传统上读者利用馆藏资源的界限和范围，实现了真正意义上的资源共建共享。

---

① CALIS[EB/OL]. [2020-06-20]. http://opac.calis.edu.cn/opac/simpleSearch.do.

② NSTL[EB/OL]. [2020-06-20]. https://www.nstl.gov.cn/.

二、参考咨询

参考咨询也称为"信息咨询"，是读者服务工作的重要组成部分。高校图书馆参考咨询工作一般都是围绕读者所需文献资料进行的。当读者在研究项目和课题的过程中提出问题，图书馆馆员需要利用自身的专业知识为读者提供文献资料的途径使读者获得知识或信息来解决问题。参考咨询工作主要包括文献信息工作和咨询问答工作两项内容。

（一）文献信息服务

文献信息服务主要是指图书馆工作人员根据用户学习、科研专业和课题，搜集、编制、整理各种专题性的书目、索引、文献供用户参考。一般来说受理这类参考咨询工作的步骤如下：一、受理咨询。主要是甄别和判断咨询的范围与内容，分清问题的本质，确定采用何种方式解答；二、调查研究。根据读者的目的和需求查阅相关的资料，对读者的课题计划和需求进行调查了解；三、查找答案。确定检索目标后，明确检索内容，进行实质性的文献检索活动，馆员可以利用自身的专业知识对文献进行适当的二次加工，比如，修改和补充文献内容；四、答复咨询。需要指出的是，馆员获得咨询答案后，要审核内容的准确性、可靠性及权威性，确保所提供文献资料的合法性，不能侵害他人的知识产权，要标明文献出处；五、登记入档。每次咨询完成后要进行入档登记，填写好咨询人的相关信息，比如，读者姓名、工作单位、从事行业、咨询内容、答复内容、提供答复的文献目录、答复人的姓名、日期及入档日期等。

（二）咨询问答服务

咨询问答服务通常是通过口头或者书面的形式解决读者提出的问题，这一工作主要体现在咨询台、留言本、网络平台等。负责咨询问答的图书馆工作人员需要具备一定的专业素养，在第一时间对读者咨询的有关图书馆使用、资源查找、预约服务等内容进行准确、及时的回复解答。承担咨询问答工作的馆员需要履行"首问负责制"，即读者最先咨询的馆员要全程为读者服务，必须负责读者的接待、问题受理、与指引部门对接等工作，在此过程中不可对问题模糊回答、不可对责任推诿。咨询问答工作需有始有终，最终以达成读者需求为服务的结束点。

三、文献检索

文献检索服务是图书馆根据读者对文献的要求，按一定的检索途径和系统标识，从大量文献中挖掘出有价值的信息，并进行二次加工、整理，匹配与读者需求相关且有价值的文献的一种服务活动形式。文献检索主要包括收集和整理各种参考性或通报性的书目、索引、题录、文摘、快报等二次文献，其服务实质是文献资料的查找服务工作。开展文献检索的目的是为了在海量信息中更加快速精准地向用户提供他们所需要的文献信息资源，以帮助用户节省查找文献信息的时间与精力，所以这一工作在科学研究活动中担任重要的角色。参与检索服务的人员本身应是具备一定学科专业素养的图书情报服务性人才，他们代替科研人员参与文献查找工作，能快速获取读者所需要的国内外相关文献资料，最初这类工作人员的检索方式是手工检索，随着检索技术、数据库与软硬件平台的发展，目前已发展到利用现代设备进行自动检索，但手工检索是其他检索的基础性工作。

(一)检索的一般方法

文献检索方法多种多样，但常用的主要有三种，即直接法、追溯法、综合法。

1. 直接法

直接法又被称为常用法，是直接利用检索系统和工具进行所需文献的检索，也是读者和馆员常用的检索方法。这种检索方法依靠完善的检索服务系统，并按照检索活动规定的范围、程序、途径及标识进行检索，包含顺查法(按文献产生的时间先后顺序由远及近，并根据读者需求进行文献检索的方法)、逆查法(按文献产生的时间先后顺序由近及远，并根据读者需求进行文献检索的方法，此方法可以查到最新的内容和信息）、抽查法（不按文献产生的时间先后顺序，只根据读者需求有针对性地进行文献检索的方法）。

2. 追溯法

追溯法是不利用或依赖文献检索系统，而是通过利用文献著录的参考文献，追溯查找需要的文献，从而获得更多、更全的文献资料，是一种最简便的扩大信息量的检索方法。这种方法通常在检索条件或相关要素缺少的情况下采用，依据文献之间的引用关系这一方法也可以获得较好的检索结果。

3. 综合法

综合法是一种既直接利用检索工具和系统进行有序的检索，又通过相关的参考文献追溯查找需要的文献，所以也被称为"循环法"或"分段法"，其实就前两种方法的交替使用。首先运用直接法检索到一批文献，再以这些文献的参考文献、书目为线索进行查找，不断循环，直到找到读者满意的文献为止。该方法的优点是可以保证文献的检索活动顺利完成，提高文献的检准率和检全率。

（二）检索的途径与标识

文献检索是根据读者对文献资源的需求，按照一定的过程、步骤及途径来检索文献。图书馆可帮助读者对需要检索内容进行分析和研究，选好检索的方法和工具，确定检索的途径与标识，以便准确检索。文献检索的途径一般有以下几种：

1. 内容途径

内容途径包括分类途径和主题途径。分类途径主要是按照学科的分类体系进行文献检索，常用的检索工具是图书分类法、文献资料分类索引等。主题途径是按照主题词的体系进行文献检索，适合查找内容和主题明确的项目和课题相关文献，满足读者对相关或相近主题文献的检索要求。常用的检索工具有主题检索、关键词检索、叙词检索、单元词检索等。

2. 著者途径

著者途径是根据文献已知的著者的姓名、笔名、单位等检索文献，通常包括个人著者、集体或团体著者、总编等。这种检索途径专指度高，能准确地检索和查找相关著者的文献与所需要的资料。但是，科研项目或课题通常都需要大量的文献，仅靠检索个人或团体文献远远不够，所以，著者途径不能作为文献检索的主要途径和常用途径。

3. 特殊号检索途径

特殊号检索途径是根据已知的专用或特殊号码检索文献资料，比如，专利号、标准号、科技报告号、合同号、证书号等。

4. 其他检索途径

其他检索途径包括利用某学科的专业知识进行文献检索，比如，利用地名索引、动物名称索引、植物名称索引、分子式索引、药物名称索引等进行文献检索，是很好的辅助性检索途径。

四、教育培训

图书馆用户教育培训是图书馆开展的培养师生用户利用文献信息意识和能力的教育，培训的目的是为了帮助师生了解文献信息基础知识、图书馆馆藏内容、图书馆服务内容，在掌握文献检索和利用的方法的同时，增强师生的信息素养。目前高校图书馆普遍开展的用户教学项目有：文献检索课、嵌入式培训、新生入馆教育、预约培训、专题讲座等；采用的教学和培训方法主要为：学分课程、培训讲座、参观访问、知识竞赛等；教学的内容包括：文献信息检索、学校图书馆概况、专业文献信息检索、数据库使用以及其他有助于学习与实用技能提升的内容。

(一)文献检索课

文献检索课一直都是高校图书馆进行信息素养教育的最主要方式，从1977 年湖北医药学院最早开设文献检索课以来，该课程开设比例已覆盖所有"双一流"高校①，且超过 70% 的高校图书馆都已经开设至少一门以本科生为对象的信息检索相关课程②。图书馆文献信息检索课程也因其开设时间早、课程内容丰富、课程体系完整，具有大量的受众群体，是高校图书馆不断完善与发展的重要教学模式。

不同类型的高校对文献信息检索课程的设置有所不同，有些图书馆对授课群体做出区分，如武汉大学图书馆面向本科生开设的通识教育选修课程有《人文社科文献检索与数字化分析》、《数据素养与数据利用》、《信息素养与实践》，面向硕博研究生的课程为《学术道德与学术规范》；而有些高校则是面向全校各年级学生统一开放课程，如北京大学图书馆开设的《电子资源的检索与利用》，本科生与研究生都可以在各自选课系统中进行选课；有一些高校因专业性质不同，将文献信息检索课程细分为了文科与理科，如清华大学图书馆在开设的 8 门信息素养教育基础课程中，按照学科信息资源的特点将"文献检索与利用"系列课程分为了化工、理工和社科三类；还有一些高校则针对自身优势学科开设专门课堂，如复旦大学图书馆开设了《医学文献检索与利用》，专门讲解医学信息检索与利用基本知识。通常文献信息检索课都作为图书馆开设的通识性选修课程，学分设置为 1~2 学分。

（二）培训讲座

图书馆进行培训讲座的方式多种多样，其中定期系列讲座和预约定制讲座是最为常用的方式。图书馆会在每学期初完成学期讲座计划并通过网络平台进行讲座预告，通常定期讲座的内容都会围绕主题由浅入深进行，如武汉大学图书馆《90 分钟讲座》系列，该讲座每周三定期在图书馆总馆和医学、工学、信息科学三个分馆举办，每次讲座时长为 90 分钟，主题分为"新生导航""学习助手""实用技能""云顶课堂""阅微讲堂"五大系列，见

---

① 徐春，张静，李逸 . 高校图书馆混合信息素养教育现状及发展对策研究——基于 42 所"双一流"建设高校图书馆的调研[J]. 图书馆学刊，2022，44(03)：27-34.

② 洪跃，付瑶，杜辉，胡永强 . 国内高校图书馆信息素养教育现状调研分析[J]. 大学图书馆学报，2016，34(06)：90-99.

表 4-3。

表 4-3　　　　　　武汉大学图书馆 2021 年下半年 90 分钟培训课程

	课 程 名 称
新生导航	新生必修课——带你玩转图书馆
	图书馆数据库——你的开学必修课
	"学术搜索，从这里起步"——信息检索基础知识实例讲解
	论文写作助手—— NoteExpress 个人文献管理软件介绍
	医学专业读者 NoteExpress 个人文献管理软件介绍
	个人文献管理软件介绍
	全文获取？So easy！简单高效的全文获取方法介绍
	不能错过的学习助手——英语及考试类数据库介绍
	如何避免科研与论文写作中的学术不端行为
学习助手	PubMed 等医学网络资源应用
	关于发表论文的那些事儿
	医学电子资源检索技巧
	Web of science 数据库应用
	国内外学位论文的查找
	挖掘图书馆资源 助力论文写作
	高"颜值"论文炼成记——论文选题写作
	学术资源轻松查——图书馆一站式检索工具介绍
	知识图谱入门介绍(一)——理论介绍
	知识图谱入门介绍(二)——实操演练
实用技能	制造未来
	SolidWorks 软件介绍
	武汉大学 3D 打印大赛中的设计问题
	EXCEL 应用举例
	从零开始懂个"P"——Photoshop 零基础教程
	幻灯片速成技巧及心得感悟
	90 分钟教你如何用手机拍大片
	风光摄影构图技巧

续表

	课 程 名 称
云顶课堂	[软件教程]90 分钟带你极速上手 PR，搞定特效转场调色
	[焦点制作]90 分钟从创意到制作，拿下百万播放 vlog
	[平面设计]90 分钟快速上手 PS：从 0 到 1 创造 Digital Art
阅微讲堂	兴象与思致——刘长卿诗选读

　　清华大学图书馆的"信息·资源·研究"专题培训讲座也将主题进行分类，包括"新手上路：综合利用类""开展研究：研究指南类""挖掘宝藏：常用资源类""工具助力：实用软件类""情报支撑：数据分析类"五个类别，通过主题划分同学们可以在对自己的信息素养进行自评后准确选择课程和安排学习时间，以更好地提升学习效率和提高科研兴趣。

　　预约定制讲座是图书馆根据各院系师生的需求，在各学院预约前提下为该学院师生安排的讲座，这种类型的讲座内容一般以学院教学科研内容为基础，具有较强的专业指导性。图书馆授课团队在接受预约后，需要有针对性的对预约学院专业、课程与学生基础进行调研，并结合调研结果设计授课内容，授课方式通常以学科基础信息检索讲座和"嵌入式培训"进行，预约定制讲座工作一般由图书馆学科馆员完成。

（三）新生培训

　　为了帮助大一新生尽快融入大学学习环境，图书馆会组织开展针对新生的"新生入馆教育"，通过印制和发放图书馆宣传资料、预约新生讲座、开设"新生专栏"的方式，帮助新同学尽快了解图书馆布局、熟悉图书馆资料、服务及利用方法。针对新生的培训内容一般以了解图书馆空间、图书馆自助设施、图书馆网站使用、馆藏书目检索系统使用、借还书方法、数据库查询等为主，一些图书馆会将 PPT 课件或者视频放置在图书馆网站供同学们自行学习。复旦大学图书馆在设计新生教育课件时，不但设计了普适版课件，还针对不同学院设计了不同的 PPT 课件，值得一提的是复旦大学图书馆还针对留学生设计了专门的英文翻译版新生教育课件。

第二节　高校图书馆读者服务工作的现状

一、高校图书馆读者服务工作的特征

(一)传统化服务方式弱化

随着信息技术的发展和数字媒介的不断更新，在新媒体环境下，读者阅读方式和阅读内容由传统的纸质文献借阅流通量逐渐被线上读物替代，高校图书馆读者服务工作较之从前呈现出比较大的变化，比如传统的文献信息传播方式、文献资源载体形式以及读者需求满足方式逐渐从单一信息向多源信息转化，从面对面服务向线上智能服务转化。

传统的图书馆读者服务工作是以图书馆馆藏资源为主导的，图书馆通过馆藏资源建设，吸引读者入馆借阅，这一过程中，图书馆是资源持有方，在服务中处于主导位置。随着信息化水平的提升，信息获取的方式、载体都发生了巨大的变化，读者通过网络、电子设备就可以查询到海量信息并不受时空限制随时阅读，在这种趋势下，图书馆仅靠馆藏资源对读者进行吸引的能力变弱；此外，在传统环境中图书馆提供给读者的空间资源只有阅览室、自习室，随着读者对阅读、学习条件的要求不断提升，图书馆阅览功能开始向"共享空间""智慧空间"等方向发展，这对图书馆软硬件建设提出了新的要求。

(二)数字化服务程度提升

数字化时代背景下，图书馆读者服务工作也在不断创新发展，一方面读者可以借助数字化信息检索平台进行所需文献资料的查询并准确获取在馆信息，另一方面图书馆员也能够利用大数据、5G、区块链、人工智能等"新基建"重点建设项目的技术手段对各类图书资源进行整理、分析、存储和管理。在这一背景下，各高校图书馆建立了数字图书馆联盟，通过数字平台实现区域内或联盟范围内的数字资源共享，读者则可以足不出户，仅使用电子邮件或馆际互借的方式，获得国内外图书馆资源。可以说，数字赋能读者服务工作大大提升了读者的阅读体验感，同时也提升了图书资源处理的信息化水平。

（三）个性化服务内容增加

在图书馆读者服务工作的发展中，以人工智能、VR 等技术为代表的"智慧化"服务正在发挥越来越大的作用。在传统的图书馆读者服务中，读者只能选择图书馆现有的可以提供的服务，比如借还书、听讲座、出具检索报告等，这些工作内容都是图书馆可以提供的一些非常基础的工作，与读者之间的互动性、交流性不足，是一种图书馆与读者双方都较为被动的工作。但随着"智慧化"服务的增加，读者不仅可以主动联系图书馆寻求各种帮助，图书馆也可以通过精准的用户画像①和情境感知②主动对读者信息进行预判，为读者提供更具使用价值的信息资源。

二、高校图书馆读者服务存在的问题

（一）服务经费短缺

近年来部分高校因为财政预算压力，为图书馆划拨经费越来越少，如表，因为经费的不足导致大量需要购置的图书无法购买入藏，进而导致图书馆难以为教师教学和科研、学生学习与研究提供强有力的支撑。文献资源购置费用的短缺所导致的服务内容不完整、服务质量降低等问题，成为影响图书馆读者服务质量的重要因素。

---

① 杨正 . 大数据环境下用户画像在图书馆个性化服务中的研究[J]. 中国新通信，2021，23(08)：55-56.
② 苏瑞竹，张轲 . 基于情境感知的高校图书馆个性化服务模式研究[J]. 图书馆工作与研究，2022，(07)：5-12.

表5　2015—2018年17所一流高校图书馆总经费与年度预算占比统计（万元）①

单位:万元

排名	学校名称	2015年			2016年			2017年			2018年			四年总计		
		校总预算	馆总经费	占比(%)	校总预算	馆总经费	占比(%)	校总预算	馆总经费	占比(%)	校总预算	馆总经费	占比(%)	校总预算	馆总经费	占比(%)
1	中山大学	661 224.61	4 551.84	0.688	739 615.85	7 609.52	1.029	1 164 133.21	13 334.94	1.145	1 349 226.28	11 132.90	0.825	3 914 199.95	36 629.20	0.936
2	华东师大	359 959.26	3 370.02	0.936	423 465.09	3 274.16	0.773	503 947.55	3 388.38	0.672	570 251.60	3 491.10	0.612	1 857 623.50	13 523.66	0.728
3	复旦大学	650 747.92	4 357.23	0.670	778 016.74	4 421.85	0.568	1 004 086.76	7 709.83	0.768	1 089 004.98	9 390.09	0.862	3 521 856.40	25 879.00	0.735
4	武汉大学	710 441.72	4 564.13	0.642	782 329.49	7 611.27	0.973	874 927.77	5 288.76	0.604	934 825.09	5 160.93	0.552	3 302 524.07	22 625.09	0.685
5	湖南大学	335 394.46	1 932.14	0.576	320 290.26	2 271.90	0.709	406 005.32	2 259.90	0.557	414 320.14	2 514.90	0.607	1 476 010.18	8 978.84	0.608
6	华中科大	730 623.43	4 128.69	0.565	704 739.58	5 334.28	0.757	842 154.87	4 027.36	0.478	979 742.26	5 248.13	0.536	3 257 260.14	18 738.46	0.575
7	东北大学	402 000.24	2 162.72	0.538	405 359.88	2 324.31	0.573	477 606.74	2 717.49	0.569	488 083.01	2 879.40	0.590	1 773 049.87	10 083.92	0.569
8	四川大学	549 292.58	4 591.74	0.836	632 455.64	2 182.14	0.345	762 462.94	4 675.05	0.613	852 797.82	4 243.76	0.498	2 797 008.98	15 692.69	0.561
9	中国科大	340 665.53	1 548.53	0.455	347 661.30	2 445.38	0.703	535 344.31	2 822.02	0.527	576 968.46	3 004.66	0.521	1 800 639.60	9 820.59	0.545
10	西北农大	273 860.79	1 589.45	0.580	297 254.70	1 782.43	0.600	353 629.70	2 126.41	0.601	373 786.00	1 522.28	0.407	1 298 531.19	7 020.57	0.541

① 程焕文,刘佳亲.挑战与回应:中国高校图书馆的发展方向[J].中国图书馆学报,2020,46(04):39-59.

续表

排名	学校名称	2015年			2016年			2017年			2018年			四年总计		
		校总预算	馆总经费	占比(%)	校总预算	馆总经费	占比(%)	校总预算	馆总经费	占比(%)	校总预算	馆总经费	占比(%)	校总预算	馆总经费	占比(%)
11	北京大学	1 416 042.20	5 022.04	0.355	1 531 127.49	8 371.20	0.547	1 934 532.69	9 268.39	0.479	1 255 531.67	9 852.38	0.785	6 137 134.05	32 514.01	0.530
12	大连理工	430 208.83	758.97	0.176	450 199.24	2 487.01	0.552	530 448.47	3 255.91	0.614	555 910.99	3 229.27	0.581	1 966 767.53	9 731.16	0.495
13	同济大学	536 401.91	4 157.12	0.775	600 692.25	3 139.17	0.523	766 494.99	3 505.90	0.457	1 342 121.05	4 349.92	0.324	3 245 710.20	15 152.11	0.467
14	西安交大	637 752.69	2 883.75	0.452	563 722.89	2 991.67	0.531	704 396.19	3 242.77	0.460	803 945.64	3 344.56	0.416	2 709 817.41	12 462.75	0.460
15	浙江大学	1 311 497.58	4 017.67	0.306	1 542 827.35	5 751.38	0.361	1 504 737.23	6 466.99	0.430	1 546 451.06	6 613.76	0.428	5 905 513.22	22 669.80	0.384
16	上海交大	1 217 409.00	3 695.09	0.304	1 180 301.24	3 795.83	0.322	1 407 733.66	4 006.13	0.285	1 448 775.70	4 721.15	0.326	5 254 219.60	16 218.20	0.309
17	清华大学	1 749 478.29	603.52	0.034	1 821 715.92	4 812.45	0.264	2 333 476.45	5 734.80	0.246	2 694 251.86	6 198.22	0.230	8 599 192.52	17 348.99	0.202
	平均	724 294.18	3 172.63	0.438	771 869.11	4 142.70	0.537	947 418.76	4 931.24	0.520	1 016 244.92	5 111.61	0.503	3 459 826.97	17 358.18	0.502

（二）服务模式陈旧

虽然技术的发展促使部分图书馆在服务模式上不断探索与创新，但大部分高校图书馆由于受到经费、资源、技术等因素的影响，导致图书资源采购不足、馆藏图书种类受限、馆际互借库困难等基础性工作难题都无法解决；同时，也因为高校师生读者的个性化信息服务需求的持续增强，但图书馆数字化建设和发展却相对落后，无法实现图书馆服务的数字化转型，这也致使读者服务模式相对而言还比较落后，许多高等院校的读者服务工作依旧采用的是传统形式，这样难以最大程度上满足读者多样化的阅读需求。

（三）图书利用率低

随着数字化、智慧化社会的不断发展，高校师生的学习生活方式也发生了变化。在不受时空限制的电子阅览更受欢迎的今天，读者们增加了除开图书馆以外的更多获取信息资源的场所和设备，这些新的阅读模式在给读者带来便利的同时也导致图书馆纸质图书的利用率大幅度降低，这给图书馆包括纸质图书资源在内的建设工作带来了挑战。当前高校图书馆为了满足教育部高校评估基本指标的要求，在低购置经费前提下只能通过减少购买量、降低购买价格等方式进行资源采购，但这样的采购方式无法满足各个不同专业师生的阅读需求；另外，由于图书馆馆舍环境的改造并不能一次性完成，更加智慧化的阅读空间因数量有限也无法满足读者进馆需求，这些服务上的欠缺也无形中影响了读者的借阅体验，影响了图书利用率。

（四）馆员素养不足

高校图书馆工作面对的用户群体主要是高校师生读者，这一服务群体自身具备较高的文化水平与科研素养，因此在服务他们的过程中对图书馆工作人员的素质、能力、水平都提出了更高的要求。图书馆员除需要具备基础的图书情报知识，还需要具备一定的信息素养以及一定领域的专业背景。但目前，大部分图书馆员的服务水平还停留在做好基础工作上，没有意识到提升自身信息素养和服务能力的重要性，导致面对读者求助时显得被动和不专业。

第三节　高校图书馆读者服务工作发展路径

一、重视服务理念的更新与运用

高校图书馆是服务高校师生教学、科研的重要部门，是高校文献信息中心，也是新思想、新理念的集散地，高校图书馆要及时更新并运用贯彻最新的管理理念，提供给师生读者最优质的服务体验。首先，高校图书馆管理人员要主动学习与了解行业动态和咨询，通过学习交流成为图书馆管理建设的"行家"；其次高校图书馆馆员要始终坚持以人为本的服务理念，保持热情、真诚的服务态度，全面提升读者对于图书馆服务活动的体验感和满意度。

二、创新和丰富服务内容与方式

读者服务方式得到有效创新后，读者将获得全新的读书体验。要想提高读者服务质量，也必须要对读者服务方式进行改革创新。随着科技的不断进步，高校图书馆也要对信息技术的优势进行充分利用，摒弃传统服务方式所存在的缺陷，对读者的群体范围进行积极拓宽，为读者提供个性化更强的读书服务。比如，高校图书馆可以在高校网站以及图书馆网站中设置阅读推广的专用通道，读者可以自主进入到阅读推广专用通道内查询自己感兴趣的图书活动，同时也可以在网络平台上直接完成图书的预约或者图书的借阅，为读者提供充足的读书信息。通过这样的方式，读者的时间得到了有效节约，既方便了读者阅读，同时又对读者的阅读需求进行了满足。

在纸质馆藏推广的同时，高校图书馆还可以将传统纸质文献优势与数字资源优势进行结合，为读者提供更加多元化的资源，满足不同读者的不同需求。在新媒体快速发展背景下，高校图书馆要善于利用新媒体的优势来对自身进行大力宣传推广。比如，利用微信、微博、抖音等新媒体平台，向读者推送优质书籍介绍以及图书馆组织的各种活动安排等信息，创建读者交流群，通过这样的方式来培育读者，带动更多读者借助图书馆资源来实现自身素养与学识的提升，同时也能强化读者之间的相互交流，读者在交流过程中，不仅能交换阅读体验，更能燃起读者热爱图书阅读的激情，有利于图书馆更加高效的开展阅读活动。

三、增强馆员服务水平与服务意识

在传统的图书馆读者服务工作中，许多高校图书馆形成了一种被动型服务传统，馆员服务读者的积极性和主动性非常低，甚至躲避读者，这种等待读者上门、服务方式封闭的服务模式亟需改变。高校图书馆应该在一切以读者为中心的战略规划下，完善馆员组织与管理，通过对馆员进行培训的方式，提升馆员的智慧化服务能力与创新服务能力，通过馆内业务培训与业内业务交流的方式增强馆员的专业素养，提高管理效率，逐步实现读者服务的科学化和规范化发展。

在提升自身服务水平的同时，馆员还应该有敏锐的服务意识。随着大学生读者对图书馆服务需求的不断变化，馆员在及时发现和了解读者需求的同时可以主动提出解决方法，化被动为主动的为读者服务，这种主动的服务方式能够帮助图书馆了解师生读者的服务诉求，使图书馆在提供读者服务过程中能够更加准确地满足用户需求。高校图书馆通过不断提高馆员服务水平和服务意识的方式，才能为读者提供高质量的服务。

四、改善图书馆服务环境和设备

图书馆除了能够提供读者文献资源服务，还应该通过对馆内环境建设提供给读者舒适的空间服务①。随着读者需求的不断变化，高校图书馆空间利用与环境升级需要顺应读者的需求完成从"图书—阅读"到"空间—交流"的转变，因此图书馆应该强化空间规划与设计，以期满足各类读者对于学习空间的需求；另外，光线、温度、色彩和网络、桌椅、电源等软硬件设施的建设与管理，也是图书馆提升服务环境的重要环节。

第四节　高校图书馆读者服务中的留学生服务

在我国高等教育国际化进程稳步推进的过程中，留学生教育教学质量的高低显得尤为重要，在有关留学生教育的研究中，越来越多的研究者认为高校图书馆作为高校文献保障中心，是提供留学生教育教学支持和服务的重要部门，也是留学生了解中国和中国文化的重要信息窗口，图书馆对留学生提供信息服务是图书馆工作"服务育人"工作的重要组成部分。随着来华留学生人数的不断增长，留学生来源多样化，留学生需求也呈现出差异性，在这一背景下，高校图书馆对留学生的服务也面临多样化、个性化的趋势②。图书馆在应对留学生不同需求之前，需要及时了解和掌握留学生们对图书馆服务的需求，从服务内容、服务方式、服务队伍等方面制定具有前瞻性的留学生信息服务工作计划和措施。

一、国内外留学生读者服务研究现状

（一）国外文献对留学生读者服务的研究

对留学生用户信息服务进行研究的国外文献一般来自欧美等发达国家。这主要是因为发达国家有着先进的科学技术，完善的科研设施，受到世界各地学子的青睐，促使这些国家的留学生人数持续增长。同时，这些

---

① 唐先辉．图书馆空间服务研究综述[J]．图书馆学刊，2019(2)：133-136.
② 王维佳．高校图书馆多维度留学生信息服务探析[J]．图书馆工作与研究，2011，(04)：93-96.

国家也意识到留学生教育为他们带来了巨大的利益。

从经济效益上看，留学生为接收国带来很高的经济收益。英国留学生所付的学费占大学总收入的 5%~16%，成为英国大学的重要收入。

从社会效益上看，为接收国培养大量英才。以美国为例，每年约有60%获得博士学位的外国学生留在美国工作。

从学术交流上来看，能够促进东道国建立良好的国际学术环境，实现国际教育的进一步发展。留学生将本国的管理理念、科研方法、学术观点、文化思想带到东道国，能够对东道国科学技术的发展起到促进作用。同时，接收国能够从留学生的背景、文化、经历中获得益处。通过接收留学生，本国学生的文化交流能力、国际视野等都能够得到培养与提高，授课教师的教学科研工作能力、外语水平、国际交流意义等也能有不同程度的增强；对教育改革起到促进作用，有助于对国际化人才的培养，高校的国际经济力会得到增强；本校学生能够获得更多来自国际校友的人际资源，社交网络范围得到极大拓宽。

从国际政治经贸往来上来看，受到留学生的影响，本国与接受国之间的政治、经贸纽带会更加牢固，两国之间的政治、经济、文化等方面的交流会随之增强。

从接收国的角度看，通过接收留学生，不仅能够扩大两国之间的经贸往来，还能提高政治影响力。同时，由于留学生本身具有较高的综合素养，当归国后必然对其国家与社会产生一定影响，进而在一定程度上促进双边关系的发展。

鉴于对留学生不断增加的现状及其意义的认识，留学生接收国如何改革自身高校教育体制、管理模式以及软硬件设施等以适应当前形势的发展成为众多学者研究的新课题。图书馆作为高校学生学习和获取信息资源的重要的信息服务机构，大量的留学生为其带来宝贵智力财富的同时，他们所具有的文化差异与环境适应等方面的障碍也给高校图书馆提出了严峻的挑战。所以，国外众多学者们开始关注留学生利用图书馆的各方面的障碍以及图书馆如何提供有针对性的信息服务来满足他们的信息需求。

美国宾夕法尼亚州立大学图书馆馆员 Wayman（1984）认为，外国留学生将成为图书馆信息用户重要的组成群体。他将当时留学生使用图书馆时存在的问题及其原因总结为三个方面：一是交流问题；二是学习方法与行为方式的差异；三是留学生本国图书馆与接收国图书馆的差异，包括图书馆规模、信息资源建设、信息服务方式、馆员素质等，并给出相应的建议：一是提供适合留学生文化背景、专业相关的信息资源；二是有针对性地对留学生进行入馆培训，包括发放图书馆入馆指南，图书馆实地参观与演示等；三是图书馆员素质的提高。

美国丹佛大学图书馆馆员 Brown（2000）认为，留学生利用图书馆信息服务时面对的问题：一是语言障碍；二是不同文化背景的冲击；三是计算机技术利用障碍。对于如何解决这些问题，他建议留学生要尽可能克服障碍，把自己融入美国这个多元的社会，同时，提供服务的图书馆馆员要意识到文化差异，给予留学生更多的帮助。

Moeckel（1995）曾于 1991 年夏向俄亥俄州立大学的图书馆发放调查问卷，该调查问卷包括两方面的内容：一是留学生在利用图书馆时遇到的障碍；二是该馆帮助留学生有效利用图书馆的举措。她最后根据调查结果将留学生利用图书馆的障碍归纳为功能性障碍（Fictional Barriers）和文化障碍（Cultural Barriers）。功能性障碍是指留学生利用图书馆出现的最基本的问题，比如，不能理解图书馆指南和服务方式等；文化障碍是指由于留学生本国与接收国之间的文化差异所致。

肯特州立大学的 McKenzie（1995）在他的硕士论文中对肯特州立大学的留学生关于图书馆的信息需求情况进行问卷调查，对回收的 56 份调查问卷进行系统分析后得出，许多留学生在他们本国或美国大学图书馆的电子资源利用上存在着技术问题；他们使用最多的信息服务是参考咨询和馆际互借；希望图书馆提供更多留学生所属国家图书、杂志和报纸；美国图书馆的规模、服务方式以及馆藏资源上与本国大学图书馆存在着很大的差异。

圣何塞州立大学的 Jackson（2004）于 2003 年马丁路德金博士图书馆开馆前对学校留学生进行的一份调查问卷显示，大多数留学生在出国前已经利用过本国的图书馆并有着很好的计算机基础，图书馆需要做的是加强对留学生信息素养的培养、图书馆导航建设以及指导留学生对学术资源的获取。

坎特伯雷大学图书馆的 Cuiying Mu（2007）通过自己作为图书馆留学生信息馆员的经历，研究了亚洲留学生在西方利用图书馆时面临的困难与挑战，提出为了让留学生更多地了解与利用图书馆，图书馆要大力营销推广自己的信息资源与服务，其措施包括建立留学生服务网页，开通 E-mail 服务，积极与留学生相关部门工作人员合作，通过尽可能多地参加留学生参与的学术会议以接触并了解他们的需求，同时要加强针对留学生的信息培训，内容包括图书馆导航、资源介绍、资源定位、书目与信息检索技巧等多方面。此外，文中还对参考咨询馆员所面临的挑战进行了细致分析，要求他们在提供服务时要考虑留学生的特点、语言熟练度、学习方式与兴趣爱好等多个方面，在留学生读者面前树立一个正面积极的形象、尊重其文化差异、懂得如何与留学生交流并与之建立良好的关系，努力为他们营造一个轻松的求知氛围等。

Ismail Abdullahi 研究了面向留学生服务的读者咨询服务，指出了参考咨询馆员面对留学生时应该进一步加强的工作，它包括使留学生了解手册、词典、年鉴、百科全书等工具书的特点，教他们利用各种资料的索引及工具书，组织各种留学生活动，增加其对图书馆的利用，指导其利用图书馆的各种资源，与留学生相关部门工作人员沟通合作等，这些均有利于留学生更好地利用图书馆，同时指出了对参考馆员进行相应的培训的必要性。

马萨诸塞州大学的 Sara Baron 与德克萨斯基督大学的 Alexia Strout-Dapaz（2001）通过调查 123 所美国高校的参考馆员与留学生中心工作人员发现，无论馆员还是留学生中心工作人员，一致认为留学生面临的三大挑战是交流、对新的教育体系/图书馆体系的适应，对留学国文化的适应，还提出了专门针对留学生这些困难的图书馆相关技能培训内容。

澳大利亚塔斯马尼亚大学的 Margaret Robertson（2000）运用德尔菲法对

留学生群体的特征进行了分析。参与该项研究的人员包括 408 名留学生（占该校留学生总人数的 79%），还有 121 名留学生工作指导人员和图书馆馆员。研究的内容包括留学生在利用图书馆服务的障碍，存在的问题，已经解决的问题以及解决的方法；目前存在的问题及其存在的原因；留学生对于图书馆所提供的信息服务的意见和建议。经过三轮调查后，得出语言障碍、心理障碍、文化障碍为留学生不能有效利用图书馆的三大问题。留学生工作指导者和图书馆馆员应该意识这些问题并及时调整与留学生交流的方式和方法。

概括以上相关研究，留学生利用图书馆的障碍主要集中于语言交流、文化背景与教育背景差异三个方面。其中语言交流障碍又细分为口头语言交流、身体语言交流、书面语言交流及社会语言交流障碍四项；文化上的差异主要表现在性别差异、时间观念、社会地位三个方面；教育背景差异形成的主要原因在于，留学生受国内教育方式的禁锢形成其特有的学习习惯与思维模式，面对新的环境与新的学习方式必然会存在一定的障碍，需要一段时间的适应。

对于如何为留学生读者提供更好的服务，其措施与建议也可归纳为下面三个方面：一是增加留学生相关信息资源建设，比如，外文词典、外语考试相关资料、外文报纸与期刊等，并开设专门服务于留学生的网页，进行资源推广与疑难解答，提供个性化、一站式服务。二是通过培训来提高馆员的综合素养与业务能力。当前，图书馆员应不断提高对计算机的理解与掌握，以及数据检索与使用能力，并强化外语应用能力。同时，馆员对不同留学生群体的需求应有一定充分了解，通过调查与研究，明确留学生在利用图书馆的过程中出现的各种问题，与他们交流时要注意恰当运用沟通技巧。美国高校在这方面对馆员开设了正规的培训课程，取得较好的效果，是值得借鉴的；三是促进留学生信息素养的不断提高，将利用图书馆的障碍逐一克服，可以进行关于留学生的专门入馆培训，发放图书馆指南，介绍图书馆基本服务项目，开设信息搜索与使用技巧课程，特别强调对图书馆的查询技巧、参考咨询与数据库的介绍与使用来加以改善。

（二）国内文献对留学生读者服务的研究

国内对留学生读者服务的研究的文献相对较少，并且主要集中在2000年以后。这些文献一般都是作者结合自身工作实践，以及图书馆发展的趋势所做的一些分析，并提出一些相关的建议。大部分研究者选择了所在高校的留学生作为研究对象，其中部分研究者，如：巩梅对留学生学术能力进行了划分，区分出了"学习型外籍读者"和"研究型外籍读者"概念，并对两者分别进行了调研。董学峰、孙萍等以区域为划分对某一区域高校的留学生作为整体进行研究，其中既包括国内区域分类，即位于北京、天津、大连等城市的华北地区留学生，位于上海、南京、杭州等城市的华东地区留学生，位于广州、南宁等城市的华南地区留学生，和位于西安、宁夏等城市的西部地区留学生；也包括了国外城市与地区分类，如：阿曼苏丹留学生、"一带一路"沿线国家来华留学生等。也有研究者将高校类别进行了划分后对综合类高校、医学类高校、语言类、化工类、体育类高校等进行了研究，有些还通过高校学历等级进行了分类研究，包括普通本科高等院校与普通高等专科院校。

通过对这些文献的浏览与分析，留学生利用图书馆的障碍及原因可以概括为以下四点。

第一，语言不通的障碍。尽管有的留学生在来中国前不同程度地学过一些汉语，但一般均缺乏足够的汉语词汇，特别是图书馆相关术语，与馆员无法进行有效地沟通。

第二，图书分类体系的不同。我国现行通用的《中图法》《科图法》与欧美、日本等图书馆用的分类法有明显不同，特别是在分类体系、类目设置等方面，这为留学生查找文献造成一定影响。

第三，不熟悉大学图书馆服务内容及规章制度。国外图书馆的发展水平、建设现状与我国有很大的不同，读者服务与规章制度也存在很大的差异，这些都会使留学生读者在利用图书馆的时候感到茫然。

第四，产生文化休克现象。一般而言，处于不同文化背景的群体或个体的认识体系、规范体系、物质产品、社会组织、语言符号等是不同的，并且生活方式、宗教信仰、风俗习惯、价值观念等方面有较大差异。当生活在语言文化完全不同的环境时，大多难以判断每天接收的大量陌生信息，从而心中产生茫然与焦虑感，这就是"文化休克"，也可以看作是"文化冲突""文化冲击"等。由于留学生的年纪并不大，出国留学一般是人生第一次处于完全陌生的环境，很有可能产生文化休克的问题。

一般而言，对于留学生读者服务出现的问题，从图书馆服务上分析大致存在以下问题。

第一，由于留学生在高校学生中的占比不高，使得图书馆不够重视留学生信息服务工作，在读者服务于资源建设方面，不能充分考虑留学生的切身利益。受到这种观念的影响，留学生在利用图书馆的过程中可能出现各种问题，不仅影响了他们的学习，而且不利于图书馆的长期发展。

第二，图书馆馆藏文献资源不足，载体局限，很难充分满足留学生读者群对文献信息资源的需求，这也进一步导致其利用图书馆积极性不高，很少到图书馆查阅文献、借阅书刊。

第三，图书馆员外语水平不足，严重影响其对留学生的信息服务质量。受外语水平的制约，无法主动地与到馆留学生进行交流，无法及时了解他们在利用图书馆时存在的问题，更无法满足他们的信息需求，这种状况在很大程度上影响留学生利用图书馆的积极性，使其不愿也不常到图书馆收集信息资料。

第四，缺乏针对留学生的环境建设，包括英文标识系统、信息传达、特殊的文献布局，以及外文图书馆主页等建设方面。

第五，专门的留学生读者服务工作较为匮乏，尤其是参考咨询工作，特殊内容极其缺乏。

根据以上留学生利用图书馆存在的困难与图书馆服务的不足，相关学者提出了一些解决的措施与办法，具体如下。

第一，改变传统"只对内不对外"的服务观念，提高对外国留学生信息服务的重视程度。

第二，加强适用于留学生的文献资源建设，使留学生能够获取更好良好的信息服务。

第三，改善图书馆员知识结构，特别是参考咨询员的英语水平和对外国留学生的服务技巧。

第四，提高参考咨询工作的质量。

第五，优化与完善留学生信息服务环境，通过英文标识体系的增加，为留学生提供更好合理、便捷的信息导航。

第六，设立留学生服务网页。

第七，设置针对留学生的特殊的文献布局。

第八，开设留学生信息检索课程。

二、高校图书馆留学生读者服务改善措施

高校图书馆留学生信息服务工作的开展既面临着我国高等教育国际化进程加速带来的挑战，也享受着这一进程中高校国际化带来的机遇。随着"双一流"建设方案的实施，越来越多的高校会将国际化发展内容聚焦于来华留学生教育质量上，高校图书馆作为留学生信息获取的重要保障部门，需要更多地转换工作思路、扩展决策视野、鼓励工作创新，为留学生提供更多、更快、更有效的信息。

(一)提高留学生信息服务工作重视程度

高校与图书馆管理层应从顶层设计着手，对留学生信息服务工作中的重点和难点进行系统分析，通过对难点问题的解剖，找出原因、提出对策、规划路径，为留学生信息服务提供坚定的政策支持。同时，图书馆可以适当考虑留学生需求，增设留学生信息服务的专职岗位，通过馆内或馆外选拔，录用语言能力强、业务能力精的信息服务人员担任留学生专职馆员。专职馆员负责建立图书馆与留学生之间的联系，了解留学生需求动态，为图书馆留学生信息服务提供来源可靠且及时的信息，方便图书馆调整服务内容，更好地为留学生服务。另外，图书馆可以利用增加多语种指

向标识、建设英文版图书馆网页等方式，建立留学生用户信息收集窗口，营造双语环境。

（二）充分发挥图书馆文献信息资源中心功能

图书馆作为学校的文献信息资源中心，是为高校人才培养和科学研究提供服务的学术性机构。留学生作为大学生群体的重要组成部分，其文献信息资源需求、文献信息服务需求，是图书馆信息质量保障工作需要重视和强调的内容。

图书馆需要以留学生用户需求为导向，建立一套从前期调研-纸电文献剔旧-参与式采购-使用量跟踪-用户反馈的文献资源保障系统，并通过对不同学习阶段、不同学习目的、不同学习习惯的留学生进行图书馆文献信息资源满意度与需求度调研，获得留学生需求数据，从用户导向出发更新和完善留学生所需的文献信息资源，为留学生学习、科研、生活所需提供信息服务。同时，高校图书馆除可利用 CALIS、CASHL 提供馆外资源外，还可通过与同地区、同类别高校图书馆之间开通馆藏资源互借、互览服务，更方便地服务和更好地满足各高校之间的留学生文献资源需求。

（三）切实履行图书馆信息素质教育教学职能

图书馆除具备信息服务职能外，还具备教育职能。我国高校图书馆应重视开展信息素质教育，采用现代教育技术，加强信息素质教育课程体系建设，完善和创新新生培训、专题讲座的形式和内容。例如：针对留学生的新生入馆培训可以在传统的授课式入馆培训基础上，增加能够让留学生直观感受学校图书馆的培训内容，如：馆内参观、体验式资源介绍、与馆员互动交流等。通过这类直观体验的方式，能够让留学生迅速了解和熟悉图书馆和图书馆员；通过改进传统的信息素养课程模式，如：强调实际操作、增加互动交流、建立学习小组等方式，开设更加符合留学生学习习惯的信息素养课程；图书馆还可与留学生所在学院和班级联系，对专业教师在授课过程中所需要的补充和说明的部分，进行嵌入式培训。这种针对专业、针对学科的培训模式，可作为文献检索课程的有效补充，提高留学生专业信息查询能力。

(四)积极组织图书馆参与高校校园文化建设

高校图书馆作为高校重要的文化建设单位，需要通过积极组织和开展校园文化活动，如：阅读推广、学术讲座、传统文化体验等方式，充分发挥其文化载体和文化传播功能。

图书馆可以通过了解留学生常用网络工具的方式，开发或使用覆盖面更加广泛的信息发布系统，使留学生用户能够及时获取图书馆资源、服务的最新信息。同时，图书馆可以通过前期调研的方式对其需求和感兴趣的文化活动进行分类，策划与留学生教育背景、文化背景相符的文化活动，吸引和鼓励留学生参加，并以此为契机宣传推广图书馆资源与服务。

在此过程中，图书馆可以与学校国际交流部、国际教育学院、中外联合办学专业、就业指导中心等部门合作，结合留学生在华学习、生活、工作等需求，有针对性地开展专业讲座、就业指导、中国文化体验等活动，吸引留学生参与活动并产生互动，让留学生能够感受到图书馆与学校各培养单位对留学生群体的重视。

(五) 努力拓展图书馆延伸服务需求用户范围

图书馆延伸服务在图书馆传统借阅服务的基础上，对图书馆时间、空间、资源服务提出了更高的要求。留学生教学工作中多强调课程信息搜集、整理与讨论，这些步骤的完成过程对图书馆留学生服务提出了更多的要求。建立留学生学习空间，将留学生借阅、研讨、自习等功能整合，省去了留学生在图书馆内花费大量时间找寻书籍、座位的时间，也解决了留学生因为语言障碍、学习习惯在图书馆内不适应的心理障碍。为留学生建立特定的学习空间，可以有效提高留学生对图书馆资源的利用率。

有条件的图书馆，还可以根据留学生用户需要，开发使用线上咨询服务功能，并对线上咨询进行人工与自动回复分类设置。这一功能的开发能够实现图书馆咨询服务的全天候在线，能够及时解决留学生因为区域时差产生的咨询回复不及时不准确的问题。利用网络，图书馆还可以对留学生信息服务数据进行共享，将各高校现有留学生信息服务向外推荐与分享。

第五章　高校图书馆数字化建设

数字图书馆是数字技术条件下图书馆新的发展形态，它通过对文献信息资源进行加工、整合，形成海量的、分布式、可互操作的资源库群，利用新媒体进行服务，使人们随时随地获取信息和知识，使图书馆能够突破时空限制，成为没有围墙、没有边界的信息与知识中心。世界上许多国家高度重视高校图书馆的数字化建设，这对于提高国际竞争力、增强国家综合国力都有着重要意义。

第一节　高校图书馆数字化建设发展阶段

一、跟踪与交流阶段(20 世纪 80 年代—1994 年)

20 世纪 80 年代，随着改革开放程度的不断提高，我国各行各业迎来了新发展。其中，为了图书馆事业的发展，我国出版界、图书情报界开始紧跟国外图书馆的新发展，关注其在电子图书馆、未来图书馆方面的研究。最初，主要是将国外研究成果引入国内，且重点关注电子出版物方面。1983 年，张晓林发表了《现代信息革命两大前沿之一：电子出版物》一文①，是关于电子出版物的主要研究成果。文中详细介绍了截至 1983 年 3 月在世界范围内出现的各种类型的电子出版物，包括电子小说、全文资料

---

① 张晓林. 现代信息革命两大前沿之一：电子出版物[J]. 图书情报工作, 1983
(5)：38-41.

库、联机资料库、磁带目录等，这些电子出版物至今仍是各类数字图书馆的主流数字资源基础。

1985—1986 年，名为《大学图书馆通讯》的《大学图书馆学报》连续三次刊载了美国图书馆学教授兰卡斯特（Frederick Wilfrid Lancaster）在 1972 年出版的《电子时代的图书馆和图书馆员》的部分内容。这篇文章帮助很多高校图书馆界专家以时代进步为出发点，对电子时代有所了解，并使他们获得深入理解数字图书馆本质的机会，具有显著的积极意义。

在这一阶段中，由于经费支持、资源条件、技术支撑有限，国内高校图书馆并没有足够的力量开展图书馆数字化建设，以及对数字图书馆进行系统性研究。同时，研究人员不能集聚在一起，通过相互探讨促进理论性的大幅进展，只能借助邀请国外专家、出国考察等机会，紧跟国外图书馆事业的发展，并通过撰文将相关信息反馈给国内，促进理论与观念的不断积累。

二、实践与研究阶段（1994—1999 年）

1994 年开始，国内部分高校图书馆先后建立了内部的 Novell 局域网，形成了早期自动化系统，并将一些光盘数字资源充实于馆内。与此同时，为了促进高校图书馆的数字化建设，我国的先驱者们开始借助各种技术手段，将光盘数字资源与印本资源目录整合于局域网内，构建了数字图书馆的基础模型。

1994 年，坐落于广东省的汕头大学图书馆耗费港币 200 万元，构建了"三库—联机"图书情报保障系统，这是这一阶段的标志性工作之一。截至1994 年 4 月，汕头大学图书馆内的中外文书目数据库初具形态，并且自主建设的国内文献数据库与光盘库已与校园网连通，受到技术条件的限制，这已经是当时我国高校图书馆数字化建设的最高水平。以今时今日的角度看，这为我国未来的图书馆数字化建设打下了坚实基础。

此外，处于这一阶段的研究人员已经开始集聚，不再是单打独斗的状态，这也是重要标志之一。北京大学、清华大学、复旦大学、上海交通大学、华南理工大学等高校组建了专门的团队，为图书馆数字化建设进行一系列的理论研究。可以看出，我国这时已经不再纯粹地跟踪国外图书馆事业的发展，能够进行自主的系统化设计与研究实践，并且提出图书馆数字化建设方案的图书馆越来越多，通过将这些方案有效结合，我国数字图书馆的建成正在等待一个契机。

1996 年，上海交通大学图书馆杨宗英的论文《电子图书馆的现实模型》在《中国图书馆学报》发表，标志我国数字图书馆体系建设方案设计已经有了更高水准。根据总体架构设计，上海交通大学图书馆试图打造数字图书馆与传统图书馆相结合的复合型图书馆。1997—1998 年，杨宗英及其同事相继发表了其他论文，对《电子图书馆的现实模型》进行了更为细致的研究与介绍。

2000 年，上海交通大学数字图书馆初步建成，并正式上线服务①，但受到当时数字资源匮乏与国家或地区大环境支撑的限制，《电子图书馆的现实模型》中的部分规划并未实现，比如，联机编目与馆际互借系统、咨询服务系统等，因此，这只能看作上海交通大学数字图书馆的雏形。但由于其设计思想具有前瞻性，为后来的图书馆数字化建设打下了坚实的基础，对我国高校数字图书馆的健康发展具有重要意义。

同在这一阶段，清华大学图书馆、北京大学图书馆采取了不同于上海交通大学图书馆的策略，将资源型图书馆数字化建设作为图书馆数字化建设的突破口，以数字资源服务能力的不断提高为基础，逐步整合传统的图书馆业务。因此，这两大图书馆的研究重点是与数字资源描述与组织管理相关的元数据方面。

三、建设与发展阶段(1999 年至今)

根据上述可知，上海交通大学图书馆、清华大学图书馆、北京大学图

---

① 林皓明，叶爱芬，杨宗英. 上海交通大学数字图书馆雏形设计[J]. 上海交通大学学报(哲学社会科学版)，2000(1)：123-128.

书馆的图书馆数字化建设项目都已启动。2000—2001 年，上海交通大学图书馆的"数字图书馆雏型"、清华大学图书馆的"建筑数字图书馆"、北京大学图书馆的"古文献数字图书馆"陆续上线服务，此时，我国高校图书馆数字化建设已经处于施工与服务阶段。对于这一阶段，根据图书馆数字化建设的背景、特点、模式、内容，可做出更为详细的划分。

（一）数字资源的单馆、单库建设阶段（1999—2004 年）

在这一阶段中，数字资源建设是高校图书馆数字化建设最为重要的任务，以解决网络数字资源匮乏问题为核心。同时，意图借助数字资源建设，使读者在较短的时间里获得更多可以阅读的文献，满足读者服务需求。

1. 数字资源建设方式

数字资源建设的方式主要有两种：一种是直接购买，如果想要尽可能地保证经济效益，可以组团进行采购并共享；另一种是自主研发，二次文献库是大多数图书馆自建数据库的主要内容，比如，建立导航数据库或目录数据库，经费有限或想提高经济效益的图书馆低价或免费向数字加工外包商提供文献母本，通过许可加工商与自己分享文献数字化后的电子副本，让商家为自己免费加工；经费充足的图书馆通过购置仪器，将以缩微或纸本形式的馆藏资源持续数字化。

在这一阶段，能够对高校图书馆数字资源建设造成较大影响的主要包括两个方面：一是很多数字加工外包商通过免费帮助图书馆用户扫描，获取数字资源的使用权与销售权，虽然对高校图书馆的知识产权保护造成一定影响，但也促进了高校图书馆对首批数字资源的获取；二是 CALIS 地区中心组织的中文数字资源集团采购与 CALIS 组织的国外数字资源集团采购。前者主要是解决高校图书馆获取中文数字资源的问题，后者主要是解决高校图书馆外文文献资源匮乏的问题。

2. 数字资源建设特征

第一，主要依靠政府政策与项目的支撑。在这一阶段中，关于特色数据库建设的 CALIS 项目在全国范围内开展，"九五"期间组织的图书馆共 25 个，建设的特色数据库共 26 个。而为了更好地开展中文期刊目次数据库与学位论文文摘数据库建设项目，共组织图书馆近 60 个参与建设，实现目录共享。早于 CALIS 项目启动的 JALIS（江苏省高等教育文献保障系统）项目在江苏省组织的特色数据库建设共 8 个，在目次库的基础上，还有多媒体、图像等多种类型的数据库。虽然很大一部分特色数据未能持续进行在线服务，但为大规模高校图书馆数字化建设打下了坚实基础，在不断实践中培养了一大批有助于图书馆数字化建设的图书馆馆员。

第二，数字资源建设模式主要以单馆或单库为主，这是因为此阶段的数字图书馆标准规范尚未统一，图书馆数字化建设不能得到统一指导。不仅各馆自主建设的电子资源库有一定差异，而且组团购买的各个库分布在各个平台上，检索方法、全文获取方式、结果展示等也有很大差异，为了让用户有效使用这些资源，一般需要进行大量培训。此外，即使是 JALIS 或 CALIS 组织的特色数据库建设，也未考虑关于各个库之间的整合服务需求。各数据库系统的开放性、互操作性、互联互通都有一定不足，它们独自形成一个体系。

(二)大规模数字图书馆建设阶段(2004—2010 年)

受到数字图书馆性质的影响，信息服务商与图书馆各自建立的数字化服务系统必将实现互联互通。同时，由于很多建设内容是重复的，通过多馆合作共建，不仅能够节省大量的建设经费，还能实现数字资源与人力资源的共享。比如，天津、上海、江苏等地的高校通过联合共建，整合各自的图书馆数字化建设，在很大程度上提高了图书馆数字化建设的成功率。同时，随着数字资源种类与数量的不断增加，怎样有效管理规模宏大的数字资源与数字服务体系成为这一阶段最为重要的任务，从而确保数字服务的高效性、可靠性与稳定性，基于此，高校数字图书馆已经进入大规模数字图书馆建设阶段。对于这一阶段，主要特征如下。

1. 相对统一的数字图书馆标准规范

在这一阶段中，建立相对统一的数字图书馆标准规范为重要任务之一，这是为了促进高校图书馆数字化建设的可持续发展。2003 年 11 月，正式启动了中国高等教育数字图书馆标准规范的研制工作，根据《我国数字图书馆标准规范建设》的研究成果，在 CALIS 与高校图书馆专家的联合下建立了《中国高等教育数字图书馆技术标准与规范》(以下简称《标准规范》)，形成了涵盖服务模式与规范、系统模式与互操作、元数据标准与互操作、数字对象分类与描述、数字资源加工与存储等方面的规范与标准，并先后多次对国内重要软件厂商的一些数字图书馆软件进行 CADLIS(中国高等教育数字图书馆)技术标准规范兼容性认证，不仅为 CADLIS 建设提供了保障，而且对高校数字图书馆的互联互通具有积极意义与影响。同时，《标准规范》对各高校图书馆数字化建设起到了指导作用，得到了众多开发厂商与成员馆的支持。此外，CALIS 编纂了《高校馆际互借业务规范》《引进资源工作规范》《CALIS 联机合作编目手册》等业务规范与标准，为高校数字图书馆的互联互通打下了坚实基础。

2. 集成的数字图书馆门户

在这一阶段中，数字资源的种类与数量急剧攀升，对图书馆新型服务的开展起到了促进作用，使服务逐渐成为数字图书馆的工作重心，咨询服务、传统借阅、用户培训服务、资源检索和导航服务等都能借助网络来实现。同时，基于上述各类服务的发展，"整合"又一次成为高校图书馆数字化建设的重点问题。通过整合，资源与服务能够得到统一，成为一个完整的体系，摆脱零散的状态，而数字图书馆门户是数字资源与服务整合的最终体现。对于数字图书馆门户而言，用户统一认证、资源调度、文献传递、用户培训、虚拟咨询、学科导航、资源检索等服务内容都涵盖在内，它成为高校图书馆在这一阶段的主要建设目标。

3. 基于联邦检索和调度知识库技术的资源整合

在这一阶段中，对于数字化服务与数字资源形成规模的图书馆，会借助统一检索与资源调度等工具对数字资源进行整合，其中，CALIS 组织开发的统一检索和资源调度软件是得到应用的代表性国产软件。CALIS 以数字对象集中与分布式服务和资源元数据集中服务相结合为原则，在各个 CALIS 中心建立了数个集中式的数字资源仓库。同时，采用集中引进采购与资源联合共建相结合的方式，由多个 CALIS 参建馆共同建设用于高校图书馆的数字资源。

4. 虚拟参考咨询服务

随着资源的利用，作为新型服务的虚拟参考咨询服务得以开展，以在互联网上随时提供远程咨询服务为目标。在国内，北京大学图书馆与上海交通大学图书馆是最早开展虚拟参考咨询服务的代表，此后，其他高校图书馆相继开展这一服务，并建立了 FAQ(Frequently Asked Questions) 系统，借助 MSN、QQ 等网络软件开展即时的网络咨询服务。

5. 开放互联的分布式数字图书馆系统

对于以技术为支撑的环境建设，CALIS 在这一阶段建立了具备数字资源管理、制作、服务、访问、存储、组织等功能的系列化、分布式的高校数字图书馆应用系统，具备多种高度开放的应用服务接口，并在清华大学图书馆、北京大学图书馆、CALIS 中心等参建馆分别进行部署、集成与使用，不仅支持多馆资源的共建共享与服务协作，而且支持 CALIS 范围内的开放链接、统一检索、统一调度、统一计费与结算、统一认证等服务。该服务平台不仅对网络资源、自制资源、商业资源、数字资源、纸质资源等进行了整合，而且整合了代理式服务、一站式服务等。虽然服务平台上的软件有多种类型，并且功能有一定差异，但都以统一的技术标准规范为指导，具有较为标准的互操作接口，借助分布式的松散耦合，形成一个有机的整体。

根据分布规模可知，CADLIS 系统是当前世界范围内最大的数字图书馆系统。借助这种分布式、标准化、大规模集成，具有互联互通功能的数字图书馆服务平台，我国与世界顶尖高校图书馆在学术文献信息服务方面的差距得到了极大的缩短，对我国高校图书馆的现代化可持续发展起到促进作用。

6. 大规模数字加工(CADAL)

对于"中美百万册图书数字化国际合作计划"(简称 CADAL),其主要任务是通过扫描加工将扫描后的中外文图书文献提供给 CADLIS,图书数字化工作完成的同时,提供相应的服务,使 CADLIS 及其成员馆的数字资源体系得到丰富。需要指出的是,扫描后的中外文图书馆文献主要用于教育与科研,中英文图书各 50 万册。CADAL 由中美两国的计算机科学家共同发起,开发大型特色数字资源库 30 个左右,不仅对大量数据存储、检索、管理等方面的研究工作起到促进作用,而且对我国图书馆数字化建设具有重要意义。

7. 国家项目和众多的省级项目

与之前的阶段相比,我国高校数字图书馆在这一阶段的发展更为快速,并且在规模上有显著扩展。当教育部开展"中国高等教育数字化图书馆建设项目"后,图书馆数字化建设成为很多高校重点关注的内容,这一举措不仅有助于我国高校图书馆数字化建设与发展,而且促进了各大高校综合实力的进一步提高。此外,以"九五"建成的 CALIS 三级保障体系为基础,4 个全国文献信息中心的建设与 7 个地区文献信息中心的建设得到进一步加强,服务能力与协调能力都得到相应的提升。同时,增设省级文献服务中心 15 个、数字图书馆基地 22 个,建成了多馆共同参与的数字资源与服务共建共享网络、联合参考咨询协作网络、馆际互借/文献传递网络等。

(三)移动数字图书馆与云服务阶段(2010 年至今)

随着互联网时代的深入,阅读形式的更新换代越来越快,在一定程度上促进了高校数字图书馆的多元化发展,泛在化、智能化、移动化成为数字图书馆的主流发展趋势。同时,随着高校数字图书馆对大数据技术、云计算的引入,已经在很大程度上能够使高校读者的个性化服务需求得到满足。对于这一阶段,新型服务类型与特征如下。

1. 移动数字图书馆

移动数字图书馆指的是通过移动客户端，实现用户对图书馆服务与资源的泛在化使用。在这一阶段中，上海交通大学、北京大学、清华大学、重庆大学等都开始了移动图书馆建设，开展的服务主要包括门户信息推送（新书信息、活动通知、图书馆公告等）、WAP 服务（馆藏预约续借、馆藏目录查询等）、SMS 短信服务（图书预约、续借、到期通知等）。此外，由包括重庆大学、北京理工大学等组建的卓越联盟开通了手机版图书馆知识共享服务平台，这一平台不仅促进了本馆馆藏数据的挂接，还实现了电子资源的整合，并为数据库、期刊、图书等提供导航。

2. 云服务

云计算是将 Internet、并行计算、网格计算、分布式计算结合起来的一种全新的 IT 资源提供模式。在这一阶段中，云计算技术充分应用于 CALIS 数字图书馆体系建设，建立了围绕图书馆联盟的"云上的"信息服务协作网络，在全国、共享域、图书馆三个层面基本解决了关于图书馆资源的协作共享问题。CALIS 数字图书馆云服务平台是一种面向建立支持多馆协作的，统一应用服务、交换与运维的分布式"云"服务平台，可用于构建跨地区的公共应用服务网络，能够将散布在网络中各个环节的服务与资源整合为一个自适应的、可控的新型服务管理体系，不仅支持新的服务与资源的快速加入与集成，以及各馆用户的聚合与参与，还支持各馆之间的互助协作，以及以多馆协作为基础的社会化网络的建构与管理，是构建新一代分布式 Library2.0 的基础性平台。

3. 新媒体

在这一阶段中，随着微信、微博等新媒体应用程度的不断提高，数字图书馆的建设与发展增添了新的活力。对于高校图书馆而言，提供的新媒体服务有很多，比如，RSS 订阅服务、微信服务、微博服务等。其中，微信服务主要包括书刊检索、图书查询、馆藏分布、通知消息等，大多属于初级探索阶段；微博服务主要包括对馆藏资源与相关活动进行介绍等，依托微博的各项功能，在与粉丝互动中不断扩大自身影响力，不仅有助于提高对用户需求的了解，还能更好地将深层次服务提供给读者。总而言之，在新媒体技术不断发展过程中，高校新媒体服务将在快速提高中得到完善。

4. 学科门户与服务

在这一阶段中，随着数字图书馆的建设与发展，建成了独具特色的学科门户，并提供各类学科的专题服务。CALIS 全国文献中心围绕文理、医学、农学、工程提供馆藏文献服务，并通过网络平台门户，将这些文献服务提供给读者。同时，CALIS 对国内外文献服务机构的资源进行了整合，依托 CALIS 云平台，为高校师生与高校图书馆直接提供特色的文献服务，读者无须到相关机构开通借阅服务，使读者获取国内外文献的快捷性与便利性得到极大提高。

5. 数字资源管理

这一时期，随着开发、积累数字资源的程度不断加深，数字资源呈现出复杂性、海量性、多样性等特征。其中，多样性主要体现在数字资源包括纸质图书、电子图书、报纸、学位论文、期刊文章、课件、课程、年鉴、教学参考书、百科知识、特色数据库等，为了提高这些数字资源的规范性与利用的便捷性，就要构建统一的数字资源汇集与管理平台体系。CALIS 技术中心以 Hadoop 分布式模式为参考，开发了统一资源汇集与交换平台(UES)、资源处理与管理平台(DMS)。其中，UES 平台的主要作用是实现不同格式、不同来源的资源的汇集与交换，而 DMS 平台的主要作用是对各类数据进行清洗、验证、规范化、格式转化等处理，以及对处理后的大量资源进行存储与管理。

6. 基于元数据仓储的发现系统

CALIS 对各类数据进行处理后，建成了统一的大规模资源仓库。以此为基础，进行知识挖掘与整合，以支撑各馆的知识搜索与各种决策。图书馆与共享域的业务管理员依托资源发布平台，能够制定个性化的发布策略，并发布数字对象、知识索引、资源元数据，使其成为读者通过检索能够获取的文献资源。读者在检索中获取文献资源是通过资源获取云平台与资源发现云平台联合实现的，其中，以资源发现云平台为基础，检索到的文献的获取方式包括文献传递、馆际互借、在线借阅、全文下载试读等，这些获取方式在发现系统中深度集成，在文献检索后可直接使用。

7. 泛在的数字图书馆服务

随着现代信息技术的快速发展，高校图书馆"泛在化"服务意识的认可程度越来越高，读者对图书馆服务的需求处于不断变化中，期望图书馆能够随时随地提供图书馆服务，从而使读者的阅读需求得到进一步满足。此外，受到高校图书馆新媒体平台、CALIS 云服务平台、高校移动数字图书馆的影响，数字图书馆服务"泛在化"已经成为数字图书馆的主要发展趋势之一。

第二节　高校图书馆数字化建设主要方面

一、数字图书馆标准规范建设

我国数字图书馆建设的标准化、规范化程度始终与国外先进水平相差无几，在技术研发方面，紧跟国际前沿技术标准。1998 年起，CALIS 共经历三个建设阶段，不论主要建设任务与目标怎样变化，始终将标准规范建设放在极其重要的位置，同时，根据国际数字图书馆标准规范的最新动态，在数字对象分类与描述、数字资源加工与存储、服务模式与规范、系统模式与互操作、元数据标准与互操作等基础性图书馆数字化建设工作方面，建立了处于国际前沿的标准规范体系，促进了我国高校数字图书馆开放性建设的实现。

(一)"九五"建设围绕解决文献保障问题

对于文献保障问题的解决，以联机编目系统与馆际互借网络建设为侧重点，而制定与推广相关标准规范能够为这两部分的顺利开展打下坚实基础。为此，在进行联机编目系统建设的过程中，CALIS 联机编目中心开展了《CALIS 联机合作编目手册》的编纂工作，这一手册不仅对 CALIS 积累标准化、高质量的编目数据起到重要影响，而且对 CALIS 培养高水准、高素质的编目团队具有积极意义。截至当前，《CALIS 联机合作编目手册》也有着深远影响，高校图书馆编目人员能力的提高离不开这部手册。在进行馆际互借网络建设的过程中，馆际互借国际标准成为必须遵守的规范，通过对国际先进馆际互借成果的利用，不仅使 CALIS 高校馆际互借网络建设的进展明显加快，而且大大降低了规范研发成本。

（二）"十五"建设围绕解决系统互联互通问题

"十五"期间，建成以各个中心与参建馆本地系统为基础的分布式数字图书馆成为 CALIS 主要目标，包括分布式加工与共享各类资源、整合各个应用系统，以及互联互通各数字图书馆。为了使这种大范围内的互操作的实现得到保障，CALIS 应建立具有可靠性、可操作性的元数据规范与技术标准规范，从而对各应用系统的招标与开发、系统之间的集成、数字资源的建设、第三方软件的认证、项目的管理等进行指导。为此，CALIS 管理中心开展了《中国高等教育数字图书馆（CADLIS）技术标准规范》的编制工作，2004 年，正式稿发布，2005—2008 年，在结合我国国情的情况下，为了同步于国际标准，又进行了多次修订与完善。

（三）三期建设围绕解决普遍服务问题

在三期建设期间，CALIS 全面采用了云计算技术，建立了面向图书馆联盟的"云上的"信息服务协作网络，从全国、共享域、图书馆三个层面将关于图书馆资源的协作与共享问题初步解决。对于这一普遍问题的解决，相比于 CALIS 前两期具有三大显著特点：一是应用与服务受众极多；二是系统研发与集成相关技术的程度极深；三是涉及的业务与系统范围极广。这一期间，标准规范建设地开展同样以解决普遍服务问题为中心，并根据 CALIS 项目建设要求，对国内外现有相关标准规范进行调研，在尽量遵循行业标准、国家标准、国际标准的前提下，对本项目应承担的规范编制进行制定与完善。在研发与制定的过程中，应以"边研制边实践"为基本原则，借助真实应用系统或原型，即时验证编制内容，从而保证编制内容的可靠性与可行性。

二、图书馆数字资源建设

对于高校信息资源整体环境建设，是"211 工程"建设的重要基础工程。20 世纪 90 年代前中期，高校信息资源的质量不高、储量不足，并且无法实现共享，这是国内高校教学科研事业落后于发达国家的因素之一，相比于实验设施落后，对高校教学科研事业发展的制约作用更为严重。经过多年的建设与发展，CALIS 构建了大型高校文献联合目录体系，相对全面地对高校纸质资源与电子资源进行了揭示，使国内高校教学科研的文献信息资源环境得到切实改善。以 CALIS 为支撑，国内很多高校图书馆配置了相对完善的国内外重要学术数据库，为大规模的资源共享打下了坚实基础。

(一)图书馆数字资源建设的重要性

目前，随着高校图书馆的不断建设与发展，图书馆数字资源建设已经成为必然趋势，其重要性反映在以下方面：其一，数字资源建设与网络时代公众阅读习惯需求相符。随着信息资源与信息载体的多元发展，社会广大群众的阅读习惯发生了极大改变，人们的阅读方式已经不受到纸质读物的局限，手机、网络等途径的阅读逐渐成为主导，为此，图书馆应与公众阅读需求相适应，在数字资源建设中注重提高读者阅读服务的便捷性。其二，数字资源建设与现阶段的信息取向多样性需求相适应。在互联网逐渐深入人们日常生活的今天，网络信息资源极为丰富，大众化信息产品也不断更新换代，同时，人们更加注重信息的获取效率，传统的图书馆资源查询方式已经难以满足读者需求，为此，在进行数字资源建设的过程中应注重使读者的信息需求得到满足。其三，网络信息环境下的文献资源呈多样化发展，而对应文献资料的记载方式也呈多元化，其中，多媒体与数字化逐渐成为文献资料记载重要发展趋势。

（二）图书馆数字资源建设遵循的原则

在进行数字图书馆建设的过程中，为了保证数字资源的建设质量，图书馆应以数字图书馆服务质量的完善作为主要目标，并谨遵以下建设原则。

第一，遵循系统性原则。通过统一化管理各类文献资源，更好地满足用户的图书检索需求。同时，以各个学科的发展情况为依据，促进图书馆馆藏资源的不断完善，从而使图书馆数字资源形成可持续发展的系统。

第二，遵循特色化原则。在图书馆数字化建设的过程中，在满足读者需求的基础上，应注重数字资源的特色化建设，将图书馆的借阅查询优势充分显现出来。

第三，遵循共享性原则。当前，随着生活节奏的加快，人们对信息的需求越大越大，仅凭借图书馆自身的信息资源是无法满足人们对信息的需求。因此，图书馆可以通过信息资源共享性的不断提高，实现与其他图书馆或文献信息机构的信息共享。

此外，在进行图书馆数字资源建设的过程中，应提高知识产权保护意识，因为不论是信息资源的数字化过程，还是信息资源共建共享的实现，都与知识产权有重要关联。因此，为了推动图书馆数字资源的建设与发展，知识产权法应进行不断更新与完善。

（三）图书馆数字资源建设的主要内容

在进行图书馆数字资源建设的过程中，首先，应以图书馆的自身特色与受众对象为基础，自建或购置适宜的商业数据库，比如，选择中国期刊全文数据库、万方数字化期刊数据库等具有权威性的数据库，使读者的信息需求得到满足。其次，借助互联网信息资源对图书馆数字资源进行补充。当前，互联网上有很多免费的信息检索网站，借助这些网站，能够将更多的专业文献资料检索提供给读者，为此，图书馆可以以自身技术优势为基础，对各种网络信息资源进行合理开发，从而使图书馆数字资源得到不断丰富与完善，并对新的服务领域进行开拓。再次，将图书馆馆藏中的电子出版物、光盘等的作用充分发挥出来，使读者的阅读需求得到进一步满足。最后，注重图书馆文献信息的数字化制作，促进文献资源利用率的提高。比如，对于价格昂贵的文献资源，可通过图书馆馆员的数字化制作，增加其载体形式，从而保证读者对重要文献资源的借阅需求。

(四)部分主要数字资源的情况

1. 外文数字资源采购与长期保存情况

(1)外文数字资源采购情况

1997 年之前，国内购置的国外数字文献资源都以光盘为载体，通过光盘塔等方式在局域网提供服务，但是在种类上不具有多样性。1997 年底，清华大学图书馆购置了网络版的文献数据库，这是我国购买国外数字文献数据库的开端。

1998 年初，CALIS 购置了首个能够在全国范围内使用的网络数据库 Science Onine。"九五"建设期间，高校成员馆集团先后购置了大量的国外优秀文献数据库。"十五"建设期间，CALIS 成立了引进数据库工作组，在各全国中心与地区中心的带领下，开展了一系列的采购谈判事宜。

截至 2010 年 5 月，CALIS 不再对高校引进数据库集团谈判事务直接负责，将这项工作转交为包括清华大学图书馆、北京大学图书馆在内的 22 个高校图书馆组建的高校图书馆数字资源采购联盟(简称"DRAA")。此后，DRAA 开始开展与外商谈判的各项事宜。

(2)外文数字资源长期保存情况

通常情况下，以集团为单位进行资源采购，获取的只是资源使用权。为了使资源的长期使用与存储得到保障，CALIS 采用了多种解决资源保存问题的方式，大致分为本地服务保存模式、数据库镜像保存模式、其他保存模式。

①本地服务保存模式

在与外商谈判的过程中，CALIS 不仅为成员馆争取存档政策，而且以建立本地服务为手段，帮助集团成员进行公共存档，对于订购的资源，成员馆可以永久访问。截至 2020 年，CALIS 已有多个本地服务数据库，比如，PQDD、Nature、RSC、IOP、Kluwer 等。下面以 PQDD 为例，对本地服务资源的存档模式进行简要介绍。

PQDD(ProQuest Digital Dissertations)是在国外有极高知名度的博硕士学位论文数据库。2002 年，在 CALIS 的带领下，国内公共图书馆、学术研究单位、各高等院校共同采购了国外优秀博硕士文论，建立了 PQDD 博硕士论文全文数据库，并使学位论文的网络共享得以实现。对于 PQDD 的运作模式，主要是采购集团成员馆都能通过共享来获取其他成员馆订购的资源；只要一个成员订购，其他成员馆都会因此受益；在共享的前提下，各成员馆不会订购重复的资源；随着加盟馆的逐渐增多，共享资源的种类与数量会有相应的提高。截至 2020 年，PQDD 的学位论文全文已经超过 160 万篇，涵盖了从 1861 年获得通过的全世界第一篇博士论文，到现今获得通过的博、硕士论文信息。

对于参与 CALIS 集团采购 ProQuest 学位论文全文库法人成员馆，不仅能够永久使用自己订购篇目的 PDF 论文全文，还能对中国集团 ProQuest 学位论文全文库镜像站点的网络数据库进行访问，以及对中国集团购买的论文全文进行共享。同时，在中国设立了三个镜像站点，由数据库商提供集团成员所购买学位论文全文的裸数据及其相应的元数据，这些裸数据分别存放在 CALIS 管理中心、上海交通大学图书馆和中国科学技术信息研究所。CALIS 镜像站点的服务器由 CALIS 出资购买，服务器的升级与维护和镜像站系统的日常运行维护都是由 CALIS 提供。ProQuest 学位论文全文库的采购和使用模式保证了资源可以长期保存、永久访问、异地镜像，成为全国高校资源共建共享和共同保存的典范。

②数据库镜像保存模式

为了加强引进资源的容灾能力，同时针对 CERNET 国际网计费的方式，通过和数据库商的协商，CALIS 的全国中心和地区中心共建立了 26 个镜像服务器，对数据库进行备份，保证用户不间断的访问，同时为各高校节省了大量的经费。这种情况下的保存，目前只能说是一种临时性的保存，或者说是为使用而进行的保存。但是这种模式在一定程度上也解决了许可证制度下数字资源使用的后顾之忧。

③其他保存模式

除了购买本地服务实现引进资源的永久保存和建立镜像站点实现引进资源的临时保存外，数据库商提供的其他资源保存方式主要有光盘、裸数据加检索软件、出版商存档、纸本存档、国家级存档等。其中，最值得推介的就是"国家级存档"方式。

2009年9月，中国科学院文献情报中心与施普林格(Springer)签订了数字资源长期保存协议。国家科学图书馆作为中国境内的保存机构，对Springer现刊数据库进行长期保存，在Springer现刊数据库服务失效时提供服务。这是我国信息资源保障体系建设中具有开创性意义的大事，是图书馆界和出版商合作的重大举措。国家级存档保障在任何情况下，我国订购SpringerLink的用户都可以无障碍地访问SpringerLink学术内容，同时探讨针对中国国内订购用户停止订购后的检索和获取服务的方式，对引进资源可靠的长期保存具有积极的示范作用。

2. 自建数字资源情况

CALIS自建的资源包括书目数据库和全文数据库两类，书目数据库也指各类二次文献数据库，全文数据库主要包括各类特色数据库。

(1)各类二次文献数据库

二次文献数据库主要指书目数据库，书目数据库主要包括中外文联合目录数据库、西文期刊目次库和重点学科网络资源导航库。由于不涉及版权问题，这些数据库可以集中存档、免费服务，其长期保存是比较有保证的。

(2)各类特色数据库

在CALIS的支持和带领下，成员馆合作建设的全文资源主要有高校学位论文、高校教学参考书和高校专题特色库。这些自建资源的元数据已经纳入CALIS元数据仓储，可通过CALIS元数据仓储集中揭示、报道和保存。由于版权等问题，这些全文资源的存档，具体情况各有不同。其中学位论文和特色数据库的服务和存档方式是分散存档集中服务，即由成员馆分别存储全文，对于获得授权或者没有版权的全文可以通过 OpenURL 开放链接到本地系统，入库的部分文献可通过馆际互借与文献传递提供全文服务。

三、数字图书馆平台与应用系统建设

（一）CALIS 发展历程

中国高等教育文献保障系统（China Academic Library Information System，CALIS）现今已成为全国高校文献资源公共服务的重要基础设施，建成了迄今世界上最大规模的国家行为的网络化文献资源共享保障体系。

根据发展阶段，CALIS 可划分为三大发展阶段。在第一阶段（1998—2001 年），CALIS 建立了国内最大的自动化时代印本资源共享体系，以编目为着手点，馆藏资源的共建共享得到实现，馆际互借、联合目录、联机编目为标志性系统；在第二阶段（2002—2006 年），CALIS 建立了分布式高等教育数字图书馆，分布式环境下的数字图书馆系统的互联互通得到实现，将跨馆的文献检索与获取问题解决，提供门户建构、开放链接、统一检索、统一认证、文献传递、馆际互借、参考咨询、数字化知识版权保护等服务；在第三阶段（2010 年至今），CALIS 对云计算技术进行了全面采用，建立了面向图书馆联盟的"云上的"信息服务协作网络，从全国、共享域、图书馆三个层面将关于图书馆资源的协作与共享问题初步解决。

（二）CALIS 应用体系成果

到目前为止，CALIS 已基本建成七大体系，由不同应用系统支撑。一是多种图书馆联盟体系，包括所有省级共享域联盟、部分城市共享域联盟、学科共享域联盟；二是国外文献资源联合采购体系，支持集团采购、协调采购和自主采购等方式；三是全国联机编目体系，通过采用联合编目套录、数据规范化、数据清洗、数据回溯等多种方式进一步保障和提升数据质量；四是全国高校文献资源整合和发现体系，包括数字资源交换、数字资源整合和管理、多层次资源发现、外文期刊网(CCC)、联合目录OPAC以及各类专题资源搜索服务等，从不同层面和不同角度为读者提供资源发现服务；五是全国高校文献传递(获取)体系，通过统一身份认证和文献获取等云平台建立"一个账号、全国获取"的文献获取服务模式；六是数字图书馆云服务技术支撑服务体系，对一系列SaaS服务提供不间断的系统运维保障和技术支持服务；七是馆员培训体系，提供在线培训系统，提升馆员业务水平。

(三)CADAL建设成果

在"十五"期间，CADAL项目的数字图书馆技术环境建设子项目是为支撑百万册数字图书制作、管理与发布服务的，建设的应用系统包括数字对象制作系统、数字对象管理系统、门户、视频结构化与摘要生成、多媒体信息检索、珍贵濒危文物数字化修复与整容、多媒体数字资源的综合推理、知识管理与服务、双语服务、多模式文语转换、虚拟现实应用等。

CADAL二期紧密围绕数字资源生命周期中各个环节的实际需求，规划实施了13个子项目，涉及数字资源加工、整合、组织、利用、检索、服务等各个环节，涉及系统包括门户服务、主动信息服务技术、跨媒体智能搜索与推理技术、海量跨媒体信息的知识管理与挖掘、多语言自动翻译系统、新型跨媒体数字图书馆体验平台、数字图书馆新型输出技术平台、数字化工作流管理平台、海量数字图书馆新型体系结构和存储机制、中国书画系统、中国文学史研究信息系统、中医药综合信息服务系统、疾病资源数字化信息系统等。

(四)未来展望

随着智能计算、移动互联网、大数据等现代信息技术的快速发展，图书馆用户对图书馆服务需求随之发生不断变化，智能化、移动化、泛在化逐渐成为图书馆的主要发展趋势，图书馆多种形式的业务外包以及馆间的服务整合和高效协作将逐渐成为常态。CALIS 也在积极探索下一代图书馆发展和服务模式，努力建设以"普遍服务"为指导思想的"精细化""层次化""社会化"和"国际化"的、以数字资源和数字化服务为主要支撑的图书馆协同服务平台。

第三节　高校图书馆数字化建设发展趋势

一、数字图书馆资源建设

(一)从数字资源整合走向数字资源聚合

"数字资源整合"是把不同来源的异构数据库的数字资源进行优化组合的过程，即是把各个相对独立的数字资源(库)结合为一个新的有机整体，清除彼此间的冗余信息，减少内容重复，链接一、二次文献等。由于数字资源越来越呈现出海量、非结构化、多类型的特征，上述整合方法已难以满足实际的需求。

"数字资源聚合"不同于传统的一、二次文献链接，通过目录库对资源进行整合，而是借助信息单元间的语义关联，构建一个内容相互关联、多层次、多维度的资源体系，形成科研对象实体、学科内容、概念主题为一体的立体化知识网络。更进一步的聚合，则是通过知识广度关联和基于语义揭示实现多维聚合组织，由关注"本体"等特定领域的应用研究，转向关注知识间"等同""等级""相关"等逻辑层面的联系。

(二)开放学术资源已成为学术研究不可或缺的资源

开放获取出版者的增加、出版模式的创新、机构知识库对学术论文开放获取的促进、科研人员和科研资助机构对开放学术资源的支持，促进了开放学术资源的迅速发展，开放获取期刊和开放获取论文的数量迅速增加，开放获取期刊的影响力不断增强，传统期刊出版商积极进入开放获取市场，研究机构共同推动 SCOAP3（国际高能物理开放出版计划）转换开放模式，即将文献采购费转换为开放出版服务费，将高能物理领域高水平论文全部实行开放出版，同时取消订购费和论文处理费）。

（三）科学/研究数据成为图书馆关注热点

网络和计算技术的广泛使用，使可获得的各类数据呈爆炸性增长。利用计算机对这些数据进行分析总结，可以获得从实验研究、理论研究和数字模拟难以得到的理论成果，导致出现数据密集型科学，即科学研究的第四范式。服务于教学科研的高校图书馆也由此开始密切关注科学数据，并尝试着收集、组织和开发利用，服务于新时代的研究范式。

（四）纸本馆藏的共享/协调管理

OCLC 通过研究纸本馆藏的动态变化、图书馆参与研究和学习的行为以及学术交流的发展趋势，预测图书馆馆藏资源的关注重点、边界及其价值变化。图书馆从关注本地馆藏和服务转向对基础设施建设的合作（Cooperative Infrastructure）、集合馆藏（Collective Collections）、共享技术平台（Shared Technology Platforms）以及超越机构之上（above-the-institution）的管理策略。OCLC 预测现有分布在众多图书馆的印本馆藏，将有很大一部分在几年内进入协调或共享管理（Coordinated or Shared Management）。

二、数字图书馆技术与系统

（一）从传统集成管理系统到基于云服务的管理系统

当前，涵盖图书馆在内的很多机构已经不再自行维护本地数据、软件、系统等，而是借助委托"云服务"机制，获取所需服务。在云服务的作用下，图书馆不仅降低了运维成本，还加强了各类数据的大规模网络集成。当网络云服务的服务力与吸引力不再发挥作用时，单一的系统很多被发现并合理运用，其经济价值自然难以得到证明。这已经不是纯粹的技术模式转移，实际上是将建设与发展的焦点从技术向服务的转移。OCLC 的云服务愿景是面向图书馆的网络(Web-Scale)管理服务，以这些网络化服务为支撑，有助于图书馆实现采购许可管理、综合资源管理、虚拟本地目录等，将绝大部分后台管理置于网络化服务，能够便于将精力集中，增强与用户之间的交互，从而提供更加良好的服务。

"数字图书馆联盟基础服务云"将是未来各类数字图书馆联盟的共同的基础性平台，由各联盟成员共同承担其费用。这个平台通过整合联盟成员或联盟外的各种资源，向联盟成员提供云服务，嵌入本地数字图书馆体系，提升成员的能力。

(二)新一代图书馆服务系统崭露头角

随着图书馆数字资源的增多，读者需求与行为方式在潜移默化中发生变化，加快了移动阅读、远程访问等的普及。由于传统图书馆自动化系统既无法对关于数字资源的各方面进行有效管理，又无法对全媒体时代图书馆需要面对的馆藏类型进行合理管理，因而"新一代图书馆服务系统"应运而生。在"新一代图书馆服务系统"的作用下，图书馆服务与业务实现了全面升级，资源发现能力、资源管理能力、业务流程管理能力得到进一步加强。从技术层面上看，主要是对云计算技术与 SOA(即"面向服务的架构")有了较为全面的应用。

(三)关联数据在图书馆的应用越发广泛

目前，国外一些图书馆与项目已经将图书馆资源发布做成关联数据，比如，通过对 SRU 服务的利用，OCLC 为 VIAF 提供关联数据，WorldCat.org 书目元数据也以关联数据发布。利用关联数据可以扩展资源发现服务，实现数据融合与语义检索，改善图书馆信息资源的组织、利用和检索服务，将图书馆的信息资源与网络资源连接起来，提高图书馆的可见度和价值。

三、数字图书馆的服务

(一)数据挖掘与分析服务

随着大数据时代的逐渐深入,读者的信息素养随之显著提升,对信息质量与数量的要求也越来越高,这就要求图书馆提供更加全面的读者服务。因此,图书馆应以读者需求为中心,做出合理的服务策略转变,从大量的数据中对潜在价值进行分析与挖掘,这将成为大数据背景下的数字图书馆的主要业务之一。对于处在大数据时代的图书馆,其数据的处理范围、目的、对象、方式等将发生极大改变,为此,应制定科学、合理的服务方案与策略。同时,传统业务将转移到数据的分析与挖掘,并逐渐成为图书馆的重要业务,将一定的数据分析与挖掘服务提供给企业、政府等社会机构,会成为大数据背景下的图书馆的一般性服务内容。

(二)知识服务

在数字信息时代,信息、数据将成为知识单元,信息变成能够计算的知识。对于用户而言,需要的不仅是信息本身,更需要将问题合理解决的方法。用户对信息服务的需求正逐渐转为对知识服务的需求。高校数字图书馆作为高校提供知识服务的主要平台和载体,还需进一步整合多元信息资源,满足用户多维、个性化需求,提供深度数字参考咨询服务,同时应与移动服务、新媒体服务、云服务等新兴服务相接轨,以提高和拓展知识服务水平。

(三)移动服务

当前,移动设备将成为获取信息内容、服务的主要渠道。依托无线网络、互联网和多媒体技术,人们可在任何时间、地点方便灵活地获取图书馆服务。目前,国内很多公共图书馆、高校图书馆都提供了移动服务。可以说,移动数字图书馆的发展,真正实现了将数字出版技术、新媒体技术和硬件设备进行完美结合，有效解决了数字图书馆在用户中的进一步广泛应用及推广问题，将成为国内外图书馆界所关注和发展的热点与重点。

(四)协同服务

目前，由于用户对图书馆服务的需求与要求越来越高，专业化、精细化成为图书馆服务的主要发展趋势，这时，单一图书馆是很难凭借自身的资源来满足用户需求的。为此，数字图书馆可以不断打破人、财、物、流程、信息等资源之间的各种边界与壁垒，以促进服务质量与资源利用效率的提高。

(五)数据监管服务

数据监管主要是为了使数据的当前使用目的得到保障，并能够在未来进行再次发现与利用，它是以数据产生为起始，对数据进行管理与完善的整个过程。通过数据监管，有助于研究者发现数据、检索数据、确保数据质量、提高数据价值，并且能够对数据进行不断的重复利用，增加数据的使用效率与使用价值。

第六章　高校图书馆社会化服务

　　随着科技的发展和时代的进步，当今社会已经进入全面数字化时期，对计算机和互联网技术的运用在任何领域都不少见，而高校图书馆的网络化和数据化也成为必然趋势，且很多高校的图书馆目前已经在这一领域有了不小的成果。而抛开科技因素的影响，从高校图书馆的作用来看，为了保证与当今社会的人文发展保持一致，高校图书馆的服务性功能被挖掘出来，其对社会文化传播以及对阅读者的服务作用成为高校图书馆在新时代的重要功能。虽然目前我国的高校图书馆建设存在这样那样的问题，但是以人为本的服务理念和发展思路绝对是正确的。通过对聚集了大量高文化水平的专业人员，以及具备大量专业文献资料的高校图书馆进行建设，提升其中的自动化程度与服务理念的先进性，让工作人员具备更强的服务精神与更高的业务水平，将这些原本的优势放大、原本的劣势转化为优势，将现存的对资源利用率不高以及在服务方面存在多方面问题的缺陷加以改进，就可以让高校图书馆实现其对社会文化的推广和对民众的文化服务作用。这也是在社会对文化水平和全民素质越来越重视的情况下每个民众对更多的文化知识的渴求，为了实现这些民众对知识的渴求，作为聚集大量文献和专业人才的高校图书馆能够为这一部分读者提供很好的知识来源和专业性服务，因此无论从发展的必然性还是从高校图书馆对社会文化发展的责任来看，其开放性改革与服务提升都是必要的。

第一节　高校图书馆社会化服务的依据和内容

一、高校图书馆社会化服务的依据

在不同领域的融合与合作中，如果能够找到两个相关性比较高的组织那么融合工作就会事半功倍，比如在高校图书馆面向社会开放的过程中对接一些大型企业或和科研机构。这种将专业性强的指向性知识提供给对这一类型的知识和人才有很大需求的对应产业的行为必然能够帮助高校图书馆在建设方面获得更加顺利的开展机会，无论是对信息资源的利用率还是对知识到生产力的直接转化都是高校图书馆面对整个社会普遍开放做不到的，这种对接方式能够在很大程度上提高高校图书馆的社会地位并且提升人们心目中知识文化产业的社会重要性。尤其是对于一些在资金和其他资源方面严重缺失的图书馆来说这种对接结合的方式是最好的发展路线。缺乏专业信息资源和科研人才的机构得到了想要的知识和资源，缺乏资金的高校得到资金支持，不但实现了双赢而且随着更多资金的注入高校图书馆的建设情况会越来越好，还实现了高校图书馆对外开放经营的良性循环，为了做到这一点，在进行高校图书馆的对外开放建设的过程中对法律的依赖、对社会的呼吁和对用户需求的关注都是必不可少的。

(一)政策基础

我国政府以及相关部门发出高校图书馆对社会服务的有关号召，高校图书馆应积极面向社会提供文献信息和技术咨询服务。中国图书馆学会正式发布的《图书馆服务宣言》指出，得到各级政府支持的各级各类高校图书馆必然具有社会公共性质，是社会资源，有责任为民众提供社会服务，为地方公共文化体系构建贡献力量，为城市发展提供智力支持。《国家"十二五"时期文化改革发展规划纲要》中提出："要加强文化馆、博物馆、图书馆、美术馆、科技馆、纪念馆、工人文化宫、青少年宫等公共文化服务设施和爱国主义教育示范基地建设并完善向社会免费开放服务。"2015 年教育部关于印发《普通高等学校图书馆规程》的通知(教高〔2015〕14 号)中提出"图书馆的主要任务包括积极参与各种资源共建共享,发挥信息资源优势和专业服务优势,为社会服务"。这要求高校图书馆要提高自身服务水平,发挥自身优势,积极为社会服务。2017 年在《中华人民共和国公共图书馆法》中指出:"国家支持学校图书馆、科研机构图书馆以及其他类型图书馆向社会公众开放。"可见,高校图书馆开展社会化服务是得到政府大力支持的,具有一定的政策基础。

(二)社会呼吁

学者发出的关于高校图书馆建设的呼声起源于 17 世纪,当时的德国有学者提出了高校图书馆的开放性建设原则,认为高校图书馆应该面向社会中所有想要学习的人而不是那些本来就拥有充沛的学习资源的人。

德国一些著名图书馆学家呼吁,"图书馆应该向一切愿意来图书馆学习的人开放",而不应该只服务于特殊阶层的人。西方发达国家率先提倡并实践高校图书馆社会化服务,并为此投入大量的稳定的资金。我国高校图书馆社会化服务的话题越来越受到社会的关注,很多高校图书馆都支持并通过自身向社会开放。首都师范大学图书馆馆长胡越认为,大学图书馆是图书馆大家族中重要的一员,应该为社会公众服务。国家图书馆常务副馆长詹福瑞也主张,大学图书馆应适当为本地区的社会大众提供服务。首都图书馆馆长倪晓、哈尔滨理工大学馆长李肖滨、福建师范大学图书馆周国忠也都发出了一样的呼吁,认为应该将社会用户接纳到高校图书馆的服务范围中来。从图书馆界专家、学者到社会公众都在呼吁高校图书馆对社会读者开放。

(三)用户需求

在知识经济时代,信息的作用日益显著,信息情报的竞争也日益激烈,信息需求正在以几何级的速度增长。社会的发展、经济的增长需要信息，科学文化知识的普及、全民族思想文化水平的提高也需要信息。在这样的社会进步大潮的推动下，劳动者需要不断学习，社会公众需要有一个读书娱乐的场所，科研单位也需要利用图书馆获取各项信息资料。这就要求各级别、各类型图书馆发挥其职能，高校图书馆也应涵盖在内。

二、高校图书馆社会化服务的体现

随着高校图书馆面向社会服务的概念的出现，高校图书馆服务工作的具体内容等也发生了巨大的改变，其具体表现在四个方面。

（一）服务对象社会化

传统意义上，高校图书馆的服务对象是本校师生，文化层次相对固定，但这明显使得高校图书馆的工作缺少竞争性和主动性，不利于高校图书馆的建设和发展。随着知识经济的发展，人们对图书信息的需求与日俱增，公共图书馆已经不能充分满足人们的需要，要求高校图书馆向社会开放尤其是开展社区服务的呼声日渐高涨。社会化服务要求高校图书馆扩展视野，服务对象不能仅局限于"师生读者"，还应该面向"社会读者"，服务社会生产生活。

就服务社区读者方面，高校图书馆可在这几个方面有所作为：其一，高校图书馆在向社区开放的过程中，可了解到社会的各种需求，从而在办馆模式、工作内容和方法等方面进行改革创新，提高适应社会发展的能力，促进自身的发展。其二，高校图书馆可利用自己独特的服务方式，倡导先进文化与健康娱乐，提高全民的思想觉悟，提高全民族的文化素质和修养，这也是终身教育的一个重要途径。其三，高校图书馆馆藏多为专业性文献，读者相对较少。为书找人，面向社区吸收专业读者，可以最大限度提高现有文献资源的利用效率。其四，通过向社区敞开大门，以书为桥梁，使人们认识图书馆、了解图书馆、利用图书馆，扩大高校图书馆的影响和地位。

(二)服务内容社会化

高校图书馆对高校师生教学和科研工作提供支持是其本职工作这一点没有太多疑问,是所有人的共识,但是对社会的阅读服务的要求也是高校图书馆建设必然经历的一个环节,逃避只会让建设工作的开展面对更多困难,积极面对并通过与社会各界的沟通积极寻找解决办法才是高校管理者和高校图书馆建设者应该做的,对其的社会化建设的内容正是在这样的条件下产生的。之所以要在高校图书馆对外开放后在其中融入社会元素而不是沿袭原本的管理与服务方式,是因为来自社会的阅读者往往具备不同的文化素质,在阅读过程中会产生和高校师生截然不同的反响,如果不能充分考虑到这一点对服务工作的开展以及质量的提升都是非常不利的,对其在社会中的文化传播作用的发挥更是巨大的阻碍。今后的高校图书馆服务者不能只了解高校的事务而忽视对社会元素的了解,否则无法满足社会公众阅读需求的高校图书馆会在社会发展的浪潮中面临淘汰,只有坚持多元化服务和高质量服务才能让高校图书馆发挥应有的作用,才能让高校图书馆的社会化服务越来越贴近社会。

(三)服务功能社会化

高校图书馆服务社会的职能对很多高校人员来说是一个陌生的概念,最初的高校图书馆也确实不具备这样的职能,随着时代的发展这种功能的出现确实比较突兀,所以很多人的观念来不及转变是可以理解的。但随着我国社会文明程度发展的加快,对高校图书馆只应该也只能服务本校工作人员的看法必须要转变,这种狭隘的思想不是对资源的节约和保护而是对发展的约束和桎梏。国家的发展需求和高校图书馆建设本身的需求都决定了这种思想是要被抛弃的,只有将高校图书馆的信息资源以更高的效率利用起来并面向社会公众提供阅读服务才能让高校图书馆得到更好地建设并推动社会人文素养的广泛提升。

（四）实现全民阅读化

随着我国科技的发展，人文素质教育必然会在教育领域中具备越来越重要的地位，因此对全民阅读、全民教育等口号的宣传和相关领域工作的建设力度都只会越来越强，而信息化和数字化对我们的社会和日常生活的影响也非常大，通过数字化网络进行终身学习很可能是未来的常态。在这种情况下高校图书馆的未来建设也要保证和国家发展路线的契合，除了要保证对本校内部的师生的教学工作以及科研工作的基本支持，更要将更大的精力投入到对社会阅读的推广宣传和具体支持工作上，让服务工作和资源提供多样化，实现高校在国家的重要教育地位，让高校对文化建设提供越来越强的支持。

第二节　高校图书馆社会化服务的关系

一、社会化服务与本校服务的关系

高校图书馆是公共文化服务体系的一部分，但其服务范围定位通常是高校校内，如果要对社会开放，首先要处理好社会开放与校内服务、校外读者与校内读者、有偿服务与无偿服务三个方面的关系。

（一）社会开放与校内服务的关系

我国高校图书馆建设过程中遇到的社会化服务问题被业内人士争论了许多年，高校图书馆究竟有没有开放的必要？高校图书馆为什么要对社会开放？高校图书馆应该在什么时候对社会开放？高校图书馆的开放应该遵循怎样的原则？这些问题在高校图书馆建设领域被探讨了多年却始终没有权威的答复，经过多年的讨论，当前已经有越来越多的高校图书馆面向社会读者，但从整体上看，开放比例并不高，并且进展相对缓慢，究其原因，这与我国的国情、教育制度、图书馆的法制、业界的服务理念有直接关系。

　　我国当前的高校图书馆服务化建设中面向本校的部分和面向社会的部分是冲突的，其中的冲突点主要表现在四个方面：第一，高校图书馆的建设很大程度上来源于教育部门发放给学校的教育经费，这种经费是有限的且用途明确的，从资金来源来看高校图书馆不可能和公共图书馆走完全一样的建设路线；第二，原本的高校图书馆资源建设等只针对高校师生，文献资源等的专业性和指向性比较强，想要面向社会开放对资源的扩充和整合是必须的；第三，一些外来的学习者即使想通过专业的资料学习知识但是受到专业能力的限制很难实现，这部分文献对外来者的实际意义不大；第四，高校图书馆在人力资源和信息资源等领域都比较有限，所以一旦全面开放无法顾及全面，可能会对具体工作产生一定的不良影响。

　　总而言之，对高校图书馆的建设和开放是有必要的，但是也是要讲究具体的方式的，只有做到有选择、有制度、有法规、有组织地开放才是高校图书馆正确的建设路径，很多国家知名高等学府在建设开放性高校图书馆的过程中都小心翼翼，避免将本来用于社会文化提升的好事变成了坏事。其中哈佛大学图书馆则更加细化，他们将读者按来源划分为五种类型，从高到低分别享有不同的权限。高校图书馆对社会开放的大前提是充分满足本校师生的需求，在此基础上，根据自身的服务重点和资源状况，有分别地对社会开放。

(二)校外读者与校内读者的关系

　　高校图书馆的建设问题本身并没有太多的出奇之处，但在建设过程中的对外开放却引发很大争议，其根本原因就在于原本的高校图书馆只面向高校师生，本质上是一种为高校教学和科研工作提供帮助的下属组织单位，但是如果对社会开放，那么大量涌入的社会阅读者就会让原本的建设工作和管理工作变得复杂起来，对原本习惯了面向内部人员的管理者来说是巨大的挑战，因而想要做好高校图书馆的服务化工作就需要面临如何平衡好二者关系的问题。

校内读者主要包括学校的教职员工、在校学生及学校附属科研院所的研究人员，他们是高校图书馆特有的读者群，也是高校图书馆最主要的服务对象。其文献需求方向、知识层次、年龄结构都相对比较固定。高校图书馆的各项服务、软硬件资源以至于服务理念、办馆宗旨都是围绕校内读者来设置的。校外读者是高校图书馆在向社会开放后，所接纳的非本校人员，相对于校内读者而言，数量更多，知识层次更为复杂，文献需求更加多样化，人员管理上也更加困难。

对读者进行身份上的划分以及提供不同形式的服务是解决高校图书馆服务化问题的根本性措施之一，对不同的阅读者进行详细区分并且根据不同的需求提供相应的个性化服务。美国加州大学伯克利分校的图书馆在这一点上就做得比较好，对其中的阅读者做出了"校友社团"和"居民访客"的划分，将为了查找专业资料的本校师生和进行休闲阅读的社会阅读者进行了明确划分，其中本校师生可以凭借教师证或者学生证免费阅读或者借取资料，外来阅读者则需要购买借阅卡才能享受阅读服务。英国大学图书馆一般都会设立专门接待校外读者的部门，为本校以外的外来读者服务。全体英国公民均可免费利用大学图书馆，每天到馆查阅资料的外来读者占每天读者量的5%左右。

与国外大学图书馆相比，我国已开放的高校图书馆则严格限定校外读者身份。例如，北大图书馆规定与学校有合作研究项目的相关人员才可享有办理借书证特权，而且通常只限馆内阅览和复印，同时要支付相关的检索费用。复旦大学图书馆规定校外读者要持"临时阅览证"才能享受相关服务，而只有本科以上在校生和高校教师，并且与本校有协作关系的人员才可办理"临时阅览证"。浙江大学在国内诸多大学中，对校外读者的限制相对比较宽松。校外读者可向图书馆申请办理借阅两用书证，每次可以借阅图书5册。校外读者每年需向图书馆缴纳一定的服务费用。

在我国，经费不足是国内大部分高校图书馆长期存在的问题，因此，图书馆无论是文献资源还是物理空间都存在严重紧张的问题。图书馆自然要以服务本校读者为主，来保障本校教学科研工作的正常开展。在高校图书馆面向社会服务中，应遵循"立足本校，服务社会"的原则，首先确保满足本校师生的文献需要，然后再考虑满足社会用户的需求，并注意这两个读者群体并不是完全对立的，他们的角色在一定条件下是可以相互转化的。

如果在某些情况下因为空间问题和阅读资源问题等造成了校园内阅读者和校园外阅读者的矛盾，高校图书馆的管理者要尽可能做到公正客观，当然这种公正客观指的是不偏袒双方，但是在一些资料的使用优先权方面对校内使用者进行照顾是必不可少的，毕竟高校图书馆虽然对外开放但是最根本的工作仍然是为校内师生提供服务，但在这样的大前提下管理者还是要尽量在两者的需求之间找到平衡，而不是一味偏向校内阅读者，否则这种开放也就没有了意义。此外，还需要注意的是对服务主体的重视，高校图书馆无论建设到什么程度其目的都是为阅读者服务，如果忽视读者而将建设图书馆作为工作重心不异于本末倒置。更好地为社会开放，可以使高校图书馆的社会教育服务功能得以实现。

(三)有偿服务与无偿服务的关系

在关于高校图书馆的开放究竟是应该完全免费还是适度收取一定的费用作为维持资金的问题上，我国专家学者们的讨论非常激烈，认为应该收费和不应该收费的群体各执一词，令这一问题始终没有定论。

在探讨高校图书馆是否应该收费前我们首先要明确一个问题，那就是无偿服务和免费服务是有区别的，免费服务当然就是提供的服务不需要被服务者付出任何资金，而无偿服务可以认为是一种只做成本回收而不以盈利为目的的服务工作，可适当收取服务过程中所产生的成本费用，用以支持图书馆正常运营与服务的开展。无偿服务是高校图书馆社会开放的发展方向，实行这一政策的图书馆必须满足以下几个条件：一是经费宽裕，二是物理空间宽裕，三是资源丰裕。目前，完全支持无偿服务的高校图书馆还很少，多集中于发达国家或地区。

当前，我国政府相关部门还未对高校图书馆采用有偿还是无偿服务出台明确的政策。我国和外国在国情方面有很大不同，而我国不同区域的高校之间也存在巨大差异，因此在借鉴其他地区和国家的理论的时候不能生搬硬套，要找到其中的诀窍并且应用到建设工作中，对公共图书馆和高校图书馆的建设当然也要采取不同的举措。公共图书馆是标准的公共产品，其具备很大的公益性，而高校图书馆原本是针对高校师生而设立的信息资源库，两者从建设思路与服务模式上来看存在本质性不同，高校图书馆既不是纯粹的公共建设也不是完全的私有化建设，这两种特性高校图书馆兼具，尤其是它的公共产品属性体现在对校内读者的服务上，其读者规模、服务项目、物理空间、阅览环境都是根据学校情况设立的。如果对外开放，势必会增加生产成本，损害校内读者的利益，这就需要高校图书馆收取额外增加的这部分成本来补贴被损害读者的利益。综上所述，在对高校图书馆进行对外开放建设的过程中要把握好收费的平衡，完全不收费是不可取的，然而纯粹从营利性角度对其进行市场化经营更是对高校图书馆开放意义的扭曲，具体的收费标准需要高校根据实际情况自行把握。

美国开放程度较高的耶鲁大学、哈佛大学、斯坦福大学的图书馆在办理借书证或借书卡时，也会收取一定的费用，并列有详细的价目表。高校图书馆并不是公益机构，它不能取代也不应该取代公共图书馆的地位和功能，要推进社会化服务这项工作，保持高校图书馆向社会开放的积极性，维持经济平衡，就必须收取一定的费用，做出一定的限制，控制读者流量。

从社会公众用户角度分析，社会公众期待高校图书馆向自己开放，他们可以利用高校图书馆的资源进行自我提升，其关注重点并不是收费问题，而是能否具有利用图书馆的资格。当然，如果在条件允许的情况下高校图书馆推出更多免费的服务，会更加吸引社会读者的到来，也会受到读者的欢迎。

二、社会化服务过程中的其他关系

高校图书馆面向社会服务还有很多矛盾关系需要进一步厘清和处理，

比如，信息资源共享与产权保护的关系、普适性服务和特定性服务的关系、社会效益与经济效益的关系。

(一)信息资源共享与知识产权保护的关系

在当今信息化、网络化时代，随着社会经济和科学技术的迅猛发展，爆炸式增长的海量信息是任何一个图书馆仅靠自己的力量所不能穷尽的。任何一个图书馆，包括高校图书馆，都无法单靠自身力量为读者提供世界上所有的信息资源。只有进行信息资源共享，才能满足人们对信息的全面需求。信息资源的共享必须满足合法且双方或多方之间的自愿原则，在不同的平台之间搭建起信息资源交互的桥梁，通过桥梁输送各自的信息资源给对方，这也是未来各国之间必然的信息资源交互形势。目前，世界上最著名的信息资源共享计划就是"全球开放存取协议"，即 OAI 协议。它将会对人类文明发展产生极大的促进作用，是一种划时代的进步，然而，OAI 计划实施遇到的最大阻碍，便是知识产权保护问题。

比如高校在对外开放的过程中常见的带来产权纠纷的重要问题：其一，图书及音像制品的复制传播根据法律规定，图书馆有权不经著作权人的允许对其作品进行复制，但必须以保存为目的，一旦被用户将复制品作为商品，用于出售、租借等谋取利益，必然会触犯知识产权保护法，损害图书馆的声誉；其二，对图书馆购买的数据资源进行恶意下载，并进行非法传播；其三，社会用户的加入会影响以 IP 地址作为用户识别的数据库的使用。数据库商在出售数据库时，往往会根据高校图书馆的学科性质和校内读者人数对图书馆进行级别划分，给予不同的价格，而社会用户的加入，利用图书馆的 IP 进行数据资源的下载，必然会扰乱图书馆与数据库商的约定，从而造成图书馆对数据库商的违约，给图书馆带来恶劣的影响。

知识产权保护问题在任何信息资源开放领域的出现频率都很高，在高校图书馆对外开放这种典型情境中更是引人注目。信息资源本身具有共享性，但知识产权却是一种私权，受知识产权法的保护。因此，信息资源共享与产权保护之间的矛盾关系是显而易见的，但也并非不可调和。一方面在这种不断拉扯的过程中是对信息资源和知识产权保护法案的双重完善，另一方面知识产权的严格要求也是对阅读者和高校管理者的法治建设意识的提高。总之，凡事有利必有弊，反之亦然，在尊重知识产权的基础上利用其提高高校图书馆法治建设和服务质量也是对其最好的利用。

国家尽快出台专业的法律法规以及高校加强法制观念的宣传都能够在很大程度上减少高校图书馆对社会开放过程中在知识产权方面产生的纠纷，对知识产权的重视和保护也是具备科研功能、同样对专利和产权有严格要求的高校应该做到的，尤其是在文献资源的信息化建设中，加强防火墙以及授权访问等都是提高信息保密度以及图书馆信息安全的重要手段。

(二)普适性服务和特定性服务的关系

普适性服务和特定性服务在信息服务领域代表了截然不同的含义，用比较通俗的比喻大概就是批量化生产和私人定制的差别，在高校图书馆的服务领域中前者指的是谁都可能用到的、在生活中比较常见的知识，而后者则是针对某一特定的学科领域的专业性知识，前者具有普适性而后者更有针对性。一般情况下，我们认为信息产品本身的质量与其对应的产品服务的质量是成正比的，而从这个角度来看普适性信息服务的受众对服务质量的需求通常要略低于特定性信息服务的受众，这种情况就像不同型号和性能的设备对保养以及零件的需求一样，只有好的"保养"和"零件"才能让这些专业性"机器"焕发出最大的动力。换句话说，专业的服务和专业的知识才是特定领域专业阅读者需要的，才能达到其对资源的使用预期，才能让这些文献在其手中发挥出最大的效果。也就是说，信息资源的质量与服务水平应该一致。

各高校图书馆为社会公众提供的普适性服务大多为图书馆的基础性服务，比如，图书的阅览、检索、借还，好书推荐，视听资源欣赏、网络媒体使用等。虽然是普适性服务，但图书馆一样可以做得很有特色，吸引社会读者的到来。例如，上海交通大学图书馆于2009年首次引进"真人图书馆"，以"真人"为图书，以他们的亲身经历为内容邀请读者分享他们的精彩人生。2012 年 9 月，倡导读者通过面对面阅读的方式完成知识交互的"真人图书馆"在南京师范大学开馆。之后，浙江大学、扬州大学、上海大学、四川大学、中国地质大学、中国农业大学、中国矿业大学等都先后开展了不同形式的"真人图书馆"活动。

此外，图书馆为减轻物理空间和阅览座位的压力，还采取"走出去"的战略，流动图书馆就是一个重要的形式。例如，常州工学院图书馆与城镇街道联合成立了社区流动图书馆，既提高了馆藏图书的利用率，又方便了社区居民阅读，繁荣了社区文化。2015 年，河南理工大学暑期社会实践"流动图书馆，书香满龙源"教育服务实践团，在焦作市龙源湖公园志愿者服务站设立"流动图书馆"，旨在进一步提高市民阅读兴趣，提升全民素质。2015 年 11 月，"大家书吧"正式开放，其主办者是太原市迎泽区文庙街道办事处与太原理工大学图书馆自动化研究所，在两者的共同努力下这种创新性阅读场所得以正式被建立起来。普适性服务是高校图书馆服务社会的主要途径之一，也是社会公众了解图书馆最常使用的方式，其服务质量直接决定着图书馆社会开放的效果，影响着图书馆在公众心目中的形象。

特定性信息服务是全面考评高校图书馆综合实力的一种服务方式，包括文献资源的丰富程度、服务人员的信息素养、管理体制的创新等。其表现形式主要有两种：一种是针对高校内部读者的学科馆员服务，学科馆员负责相对应学科教师课题的查新和跟踪，研究资料的收集、分析等。另一种是针对社会用户提供的信息咨询服务，主要通过"校地共建""图企联合""地区图书馆联盟""协会学会合作"等几种方式来进行。

（三）社会效益与经济效益的关系

推动高校图书馆面向社会开放对整个社会具备广泛的效益性，在将图书馆作为实业经营的同时也能带来一定的经济效益。而为了做到让高校图书馆非但不成为高校建设的"拖油瓶"反而能够为高校提供一定的资金"反哺"，就需要注意控制图书馆的建设成本以及经营成本，做到收入大于支出，这样才能保证盈利；社会读者尤其是企事业单位通过高校图书馆获得信息资源和服务，会给其自身带来一定的经济效益。另外，高校图书馆通过对企业家、名人等有作为校友的沟通与服务，争取他们对母校图书馆的捐赠，将会收到更好的经济效益，对图书馆的建设发展会起到良性循环的效果。实际上，高校图书馆开放服务的社会效益远远大于经济效益，这主要表现在以下几点。

(1)保障社会读者拥有接受社会教育的权利

就像我们每个人都了解的，受教育既是公民的权利也是义务，即使超出了九年义务教育的范围但是在力所能及的情况下多学习总归是有好处的，所以高校图书馆对外开放带来的除了经济效益外还能提前唤起社会公众自主接受教育的想法，长此以往有利于在社会中广泛培养公民的学习习惯，从长远规划的角度来看，对我国全民素质的提升是有好处的。社会读者通过在图书馆的学习，可以完成终身教育的需要，实现自身的可持续发展。

(2)弘扬先进文化，构建和谐社会

当今时代各种信息混杂，快餐文化大行其道，公民的阅读也被严重功利化，承担教化民众功能的公共图书馆资源又严重不足。而高校图书馆文献资源相对丰富，工作人员素质普遍较高，具有较强的服务社会的能力。高校图书馆对社会开放，是对公共图书馆体系的极大补充，高校图书馆可以依托本馆资源，弘扬民族先进文化，引导公民阅读方向，改变公民知识结构，从根本上提高公民的综合素质，为构建和谐社会贡献力量。

(3)体现社会的公益责任与人文关怀

除了效益化原则之外，对人文思想的贯彻也是高校图书馆建设的重要元素，如果不在其中融入人文因素而只是强调经济效益那么高校图书馆对社会带来的好处就会在无形中消失很多，因为社会中营利性产业数不胜数，这种半公益性的为全民提供素质教育和人文教育的场景却很少见。在人文建设方面北京大学的图书馆就做得很好，其中的残疾人专用区域体现出了一个中国名校应有的人文关怀和思想高度，是高校图书馆服务建设的典范。

(4)促进地方经济建设，助推社会经济发展

我国在科技和经济等领域都有了越来越高的成就，因此对高技术人才也有了与以往不同的定义，目前的高端人才需要掌握的知识越来越高端且全面，在这种社会大氛围的影响下，很多人对具备更强的专业性的资料有了更迫切的需求，而且对参考信息的质量的要求也越来越高。相对于公共图书馆，高校图书馆的资源优势和人才优势都更为明显，其通过信息的提供帮助指导广大群众从事生产、经营、开发等经济活动，推动社会经济发展。

(5)推动图书馆事业发展，弥补公共图书馆体系的不足

我国的公共图书馆体系建设比较缓慢，目前还无法满足民众对于文化信息的需求。相对而言，合理开放高校图书馆资源，与公共图书馆组成共享体系，可以有效弥补图书馆事业发展的缺陷。

第三节　高校图书馆社会化服务的制约因素

一、体制因素

体制因素方面的限制包括管理体制相互分割、地方政府的激励政策和高校评估制度等。

(一)管理体制相互分割

图书馆在管理体制方面主要涉及两方面的问题。

(1)管理系统问题。从建设初期至今，我国的图书馆系统始终处于一种管理分散的模式下，按照行业和系统等不同划分方式我国图书馆受到不同形式的管理。高校图书馆的管理系统在我国属于三个主流图书馆系统之一，其余两个分别是科研图书馆系统和公共图书馆系统，这三个类别的图书馆系统在管理方面隶属于不同的部门，领导者以及资金的来源和工作的

具体事项等方面均有很大差异，在这种情况下想要对其形成统一管理或者指定行业内的管理规范是相当困难的。而且图书馆属于完全的被管理部门，缺乏自主权限，对于上级领导部门发布的命令必须执行，缺乏自主性和独立性。比如，兰州大学本身在教育部的管辖范围内，而兰州市的其他高校却在其他部门的领导下，这就造成了两者间的协调性和统一性存在一定的问题，在管理方面很难做到统一管理，对高校图书馆的建设工作造成了不小的麻烦；西北民族大学受到我国国家民委的直接领导，而当地的其他高校则受到甘肃省政府的直接管辖，这些是我国各地很常见的管理现象，也是直接影响到我国高校管理以及高校图书馆建设的重要因素。这种划分和管理方式使得我国高校管理工作存在不小的问题，这种对整片区域的教育网络的割裂与分别管理会在很大程度上影响到高校的统一化管理，进而让高校图书馆的社会服务工作开展遇到困难。

同一区域内的不同高校在不同领导部门的管理下带来的弊端不仅是管理方面的问题，还有资金和人员等方面的不协调也是高校图书馆开展社会化服务工作的阻碍，对在社会范围内全面建设阅读服务是不利的，而从管理者和管理部门的角度来看这样的管理方式和发展方式也是不健全的。虽然我国部分高校图书馆在逐渐向社会开放，但由于图书馆现行管理体制的制约，阻碍了高校图书馆公益性职能的发挥和社会效益的实现，同时在很大程度上令所有民众都本应该具备的获得最起码的开放信息的权利受到侵害，对于社会中的正能量文化的传播以及对社会底层人民的文化素质等方面的提升都有不同程度的负面影响，科学健康的高校图书馆阅读推广应该做到负担起全社会的文化传播职责与公益推广义务。目前我国的很多高校图书馆建设都缺乏开放自主的文明气息，不少高校的图书馆建设都处于全封闭或者半封闭的状态，而且不同高校图书馆隶属的高校在管理方面也从属不同的职能部门，这种分割管理的情况是对高校图书馆社会服务推广能力的制约，很多高校在政策和图书馆管理方面都采取不开放状态，不但不利于图书馆本身的建设，对高校图书馆和社会文化的相互交流也会造成很大限制。

（2）资源来源问题。虽然我们鼓励在行业内树立榜样作为对其他从业者的鼓舞，但是这种方式的重点在于通过先行者带动后来者，而不是让某个个人或组织一枝独秀、独挑大梁，现实生活不同于某些爽文小说，这样的做法是行不通的。在建设高校图书馆的过程中不能忽视任何一所高校的作用，要通过对所有高校图书馆的全面建设形成网状结构，让所有的工作人员、组织结构以及管理制度和经费来源等共同组成庞大的能够覆盖整个社会阅读服务领域的大网，将社会公众以及所有与行业相关的人员都网罗进去，形成放之四海而皆准的某种管理机制，让文化推广和服务管理工作能够科学有序的健康进行，在内部形成良性循环，对外部形成有效的号召。对高校图书馆的联合集团式作战方案从建设之初就是重要思路之一，但是受到种种客观因素的限制始终未能真正成型，从目前的发展来看大多数高校图书馆的服务建设都不尽人意，更遑论集团作战，目前的散兵游勇式的各自为战也是不得已而为之的权宜之计。

此外，虽然某一区域的全部高校一般并不属于统一管理机构的名下，但是基本任何高校的图书馆都是高校直接管理的，高校图书馆属于高校的一个下属部门，因此高校图书馆建设过程中使用的人力和资金等资源都来源于学校，而高校的本职工作是教学和科研，主要的经费和精力都需要投入其中，虽然不同的高校每年都能得到来自政府的补贴，但一是这部分补贴大部分都需要师出有名，与和高校教学与科研工作关系紧密的建设工作直接相关，二是来自国家的补贴终归是有限的，而且随着国家经济发展上升势头的逐渐减弱，对高校的资金支持也会慢慢降低，因此如果将资金过多投入到高校图书馆的建设中，且不说学校领导的意见，高校财务部门也很难在收支方面找到平衡。

任何领域的制度都是在发展中不断完善的，高校图书馆的服务机制也不例外，由于目前没有成熟的案例给我们作为借鉴，而且高校图书馆的服务化建设需求出现的时间较短也缺乏足够的经验，所以目前的高校图书馆服务管理规定中存在不少问题，其中最严重的问题就是之前提到过的高校并不一定由当地政府直接领导，这就导致了高校图书馆和当地政府之间并不存在直接隶属关系，因此双方的协调很容易出现问题，且其中的传达工作等都比较麻烦，关于建设过程中的方案拟订、计划执行以及人员和资金的调配等都容易出现问题。

（二）地方政府激励政策和高校评估制度的不完善

如果从目的性来看，高校图书馆作为图书馆的一种承担着社会文化传播的义务，因此其对社会化服务建设不足为奇，为了让不在高校当中、身处社会的公众也能分享到高校图书馆充足的文献资源，为了让广大热爱阅读的读者能够用更小的代价从书本上得到想要的内容，为了满足更多自由研究者对专业性文献的需求，高校图书馆需要统筹整合原本的借阅率低的大量文献资料和其他信息资源，并通过对服务化能力的大幅度提升在面向社会开放的过程中用这些信息，很好地满足不同读者的需求，但其中存在这样一个问题，那就是高校图书馆的对外开放工作是在政府的大力号召下展开的，但是面对积极建设高校图书馆开放性服务的高校，政府却没有做出足够积极的回应，在很大程度上让高校图书馆的建设者感到失望，打消了很多人的建设积极性。

由于各层次高校图书馆所处的地域不同、所拥有的条件不同，向社会开放的程度也不尽相同。据不完全统计，"高校图书馆部属院校中有 60%已经开展社会化服务，20% 准备开展社会化服务。42.2% 的地方高校图书馆已经开展了社会化服务，24% 准备开展社会化服务。38.5% 的职业院校图书馆已经开展了社会化服务，17% 准备开展社会化服务"①。如果不谈"985""211"等国家重点建设高校而只说普通高校，其发展情况和发展能力有很大区别。因此，不是每所高校图书馆都具备开展社会化服务的条件。

受传统观念的影响和阅历等方面的限制，一些人并没有意识到高校图书馆在除了满足高校师生的教学和科研工作之外的重要性，没能意识到文

---

① 王宇. 高校图书馆社会化服务研究[M]. 北京：中国社会科学出版社，2014：118.

化知识学习对全社会的重要意义，更没有看到很多学习者找不到专业文献资源的痛苦，这些人想当然地认为既然是高校图书馆就只需要对高校人员负责即可，没有必要面向社会，认为这样的建设不但浪费资源而且还会带来一系列麻烦。如果按照过去的观点来看这些人的想法没有问题，但是在国际化开放的大前提下闭门造车和敝帚自珍都是被摒弃的旧思想，从国际角度来看很多国家的高速发展都是其放下成见与其他有着历史恩怨的国家携手共建得到的，自行其是的"独行侠"策略在如今的国际局势下是行不通的，与他人的合作才能相互取长补短，让双方都获得更好的发展，大到国家外交小到高校图书馆的建设都是同样的道理，高校图书馆在对外开放的同时何尝不是在与外界完成信息的交互和资源的交换？学习者虽然在使用高校图书馆资源时并没有为高校带来直接好处，但是如果其中的某些学者真的取得成就想必也会感谢图书馆的文献资源给自己带来的帮助吧。从目前的高校图书馆服务化建设程度来看，大多数高校虽然也在响应国家号召建设图书馆，但是对其重要性并没有充分的认识，相关工作人员和管理者的具体工作情况并没有用严格的绩效制度做出要求，师生普遍认为这种建设带有形式主义色彩。在 2003 年到 2008 年这五年的高校图书馆建设过程中，我国的 700 余所本科院校响应国家号召，根据国家规定分批接受国家教育部门对其工作的审核评估，此外还有 1100 余所高等职业专科学院也纷纷接受省级教育部门相关机构的审查。虽然从国家审查角度来看高校图书馆的服务建设似乎比较乐观，但从细节来看，这种审查评估中从来没有服务化元素的介入，不论是哪个阶段的评估均未将高校图书馆社会化服务纳入其中。

二、管理因素

高校图书馆本身只定位于本校师生，因各方面资源有限，即使能够意识到这种建设对高校和社会的好处，但是对大量涌入的社会中的阅读者高校缺乏足够的管理力度，工作量的增加暂且不提，很多工作都做不到位可能会对自己和他人造成不小的麻烦。社会上的阅读者并不是在校学生，对高校图书馆的管理制度等都没有足够的了解，很容易在无意中做出违反规定的行为，而对于一些阅读资源比较有限的高校来说，这种开放还很容易导致高校师生的必要资源被人占据，对教学和研究造成很大不便，为了避免这样的现象，在开放之余制定合适的管理措施并严格执行是很有必要的。

三、政策因素

虽然国家大力倡导高校图书馆在资源和服务等领域的全方位建设，但在相关的法律法规上的支持力度还不够，或者说由于我国在高校图书馆的服务建设方面的时间太短，相关的法律法规还没来得及制定出来。《中华人民共和国宪法》和《普通高等学校图书馆规程》在不断修改中都已经添加了部分关于高校图书馆服务化建设的国家要求，但是这种要求的提出更多只是引导性的，并不具有明确性、可操作性，也不具有强制性，在效果上还有待加强。

从地方层面上看，还缺乏指导性文件。到目前为止，我国也仅相继出台了《上海市公共图书馆管理办法》《深圳经济特区公共图书馆条例(试行)》《内蒙古自治区公共图书馆管理条例》《湖北省公共图书馆条例》《河南省公共图书馆管理办法》《北京市图书馆条例》等数部地方性图书馆法规。

从行业层面上看，缺乏工作规程。由于国家倡导的全民教育和全民素质文化提升工作的推进，很多公民都意识到了个人思想文化水平与社会共同文明建设之间的关系，因此致力于提升自己的文化修养，所以对社会公共阅读资源有了更多的要求，而从当今的建设情况来看我国的公共图书馆建设程度远远不足，距离满足全民阅读需求还有很大差距，尚需我国政府的进一步努力。要想真正实现信息资源共享，必须通过行业组织建立高校图书馆联盟，让高校文化资源更好地为公众服务。中国图书馆协会等行业组织在联盟中需要发挥监督和管理职能，制定出统一的具有操作性的章程和规则，让高校图书馆的社会化服务有章可循，使高校图书馆的资源得到充分利用，实现资源利用社会效益的最大化。

四、观念因素

很多高校人员的观念停留在比较狭隘的层面上，将高校图书馆看作存储文献的单位，将其职能单纯看作为高校师生的教学与科研工作服务，因此难免产生了"高校图书馆的工作和建设等都应该以高校为中心"的想法，这种想法不能说完全不对但终究过于偏颇，虽然高校图书馆的重心确实要落在对高校教学与科研的支持上，但是在高校图书馆越来越强调文化推广和服务建设的时代，仅仅提供这样的服务是不够的，这样的思想也是跟不上时代的。

任何领域的管理都必须结合实际问题才有意义，高校图书馆的管理也是一样，原本高校的职能就是教书育人和进行科研工作，而如今的高校在增加了面向社会进行文化推广和人文建设的工作后原本的管理制度必定会受到很大影响，随之而来的大量额外工作以及管理等方面的一定程度的混乱都会对高校造成不必要的损失，对文献的保管和使用等也可能出现相应的问题，这是高校图书馆对外服务建设过程中必不可少的困难。除了对文献的保管会因建设而受到影响，一些人力资源以及阅读资源都比较有限的高校图书馆，如果对外开放可能会造成校园内需要使用这些文献资源的师生面临缺乏资料的困境，也许受传统观念影响，也许是考虑到了这样的问题，一些高校试图通过对校园进行半封闭式管理回避对社会的阅读服务，但是这种"鸵鸟战术"显然并不是解决问题的长久之计，加强学校建设和阅读资源以及服务能力才是发展的正途。

思想方面受到传统观念束缚并且缺乏与时俱进意识的不仅是高校人员，社会各界人士由于在文化素养和成长环境等方面的不同，各自都有不同的思想意识，对事物也有自己的看待角度，每个人对高校图书馆的看法和认同度都是不一样的。尤其是对一些思想意识相对传统或者对学校存有强烈敬畏之情的人来说，高校的大门都是一个不小的门槛，一些人面对其中的文化氛围和高校的名声选择了望而却步，因此不做好这方面的观念转变就很难对高校图书馆对外来读者缺乏吸引力的情况做出扭转。

五、资金因素

空间、设备以及文献资源的支持是高校图书馆内部建设以及对外开放都必不可少的基础元素，而想要实现这样的建设单纯依靠高校本身的收入是远远不够的，对国家经费的申请和社会各界投资人士的吸引都是高校的重要工作，其中国家对高校图书馆的建设的投入是不遗余力的，国家站在更高的层次看待高校图书馆的建设以及对社会的价值从而肯定这种投入是必要的也是值得的，而其他社会人士是否能领会到这样的内容并且意识到自己对高校图书馆建设的重要职责却是未知，所以高校图书馆建设的前景虽然可以确定是光明的，但是这段路程花费的时间暂时未知。我国很多公民都无法及时意识到文化建设对社会的重要性，在需要查找专业性资料的时候才想到图书馆，平时对其建设程度乃至于经费是否充足的问题几乎没有任何思考，这也导致了高校图书馆的建设势单力薄，只能依靠自己和政府，缺少来自社会其他领域的图书、设备及资金等捐助，因此发展速度比较迟缓。

高校自身对图书馆投入不足。高校不主动投入，图书馆发展没有资金来源，也就无从谈社会化发展。同时，很多研究者都经常挂在嘴边的能量守恒定律在很多领域都有延伸与应用，比如高校图书馆的建设总资金固定的情况下，对其中某一领域倾注更多资金必然会导致对其他领域资金投入量的减少，而随着数字化技术和观念的深入人心，高校图书馆对文献资源的数字化建设始终是重要工作内容之一，在这一领域的资金和精力投入很大，这也间接导致了服务化建设的资源不足以至于建设进度平平。根据很多高校图书馆的财务报告我国专家发现近些年来高校申请的图书馆建设资金越来越多，但相应的在电子资源领域的投入也越来越庞大，而且这种资源的使用成本较高，改进速度也非常快，不同于纸质文献只需要妥当保存即可，电子资源需要的维护成本很高，每年甚至在更短的周期内就需要进行数据更新和安全维护，这些都是资金开销的大头。有限的购置经费无法满足图书馆现代化设备和服务发展的需要，限制了高校图书馆服务向社会化延伸。

六、人员因素

高校图书馆除了承担其原本的对高校师生的科研工作与教学工作的责任外，对社会文化推广以及社会服务工作的涉猎都是必然的，为了令高校图书馆的服务性和文化推广能力得到更好的发展和更大的进步，使用专业人员担任服务工作是很有必要的。而关于人员的任免和使用等问题又和高校图书馆的管理工作息息相关，在这些方面的不同会反映在高校图书馆对服务人员的考察、培训等环节，在工作人员任职后与其的交流以及后续的正常工作也与此颇有关联。在对高校图书馆的管理人员进行细致划分的时候，可以从流动服务人员、组织机构管理人员、在图书馆和管理组织之间进行协调的人员、网络服务人员以及面向社会的图书馆服务空间的专属服务人员等，对工作人员的服务类型以及职能范围做好划分，这是管理工作得以正常开展的重要步骤。面向社会开放势必要造成高校图书馆人力资源短缺，在不影响高校科研和教学的情况下，还要保障社会大众需求的满足，增加人员，培养多面手人才。

七、技术设备因素

虽然我国的科技技术在不断进步中逐渐渗透到各个领域当中，令所有领域或多或少都向着现代化的方向发展，但是并非所有需要具备现代化特征的领域都跟上了科技进步的节奏，很多具备浓厚传统因素的领域与现代技术的结合始终不尽如人意。虽然随着计算机技术和信息网络技术的不断进步，高校图书馆的建设也在向着数字化和自动化的方向发展，但是这种发展显然没有跟上阅读者对高校图书馆的阅读资源信息数字化的需求的，随着习惯通过计算机网络查找文献资源的阅读者越来越多，高校图书馆当中的实体文献资料除了对需要专业教学和科研知识的高校师生还有一定作用外几乎无人问津，高校图书馆在很大程度上完全沦为高校学生"啃书本"

的自习室。我国目前的信息化程度也就是对计算机网络技术的应用宽度和深度在国际上都稳居前列，但是在计算机互联网技术和高校图书馆建设的结合中却表现得不尽人意，特别是西部地区和少数民族聚集区这些欠发达地区更是如此，这些地方的教学资源供给本就与其他区域存在差距，高校以及高校当中的配套设施建设没有达到平均水平，对计算机和互联网技术的普及运用也要更加落后，某些地区甚至没有网络环境，这种情况下要求其建设信息化高校图书馆根本就是天方夜谭，还有些区域甚至连高校图书馆的建设都远远未曾完善，对于这些地区来说文献资源以及产权问题的解决也倍加艰难，这些都是在高校图书馆的数字化建设中真实存在的问题，也是对个别地区建设问题的进一步呼吁。

图书馆的馆舍在图书馆本身收藏的文献资源和图书馆职能发生变化的情况也需要随之一同调整，这是高校图书馆建设和社会文化建设对其的共同要求，但是这种改变和相应的建设工作的开展虽然是必须的，在落实中存在的一系列问题却也是建设者必须要面对的。比如其中最大的问题就是一些高校的图书馆馆舍老旧以及面积不足的问题，虽然对阅读空间的翻新和扩建在这些年的高校建设中始终都是重要内容，但是由于我国当前的高等教育普及化要求，很多高校的招生人数剧增，因此虽然高校图书馆始终处于扩建中，但是与增长更加快速的高校学生人数相比就相形见绌了，这也造成了一定的不协调现象。

八、信息资源因素

如果高校图书馆真的做到了对外开放，能够形成对社会进行文化服务的态势，那么势必会面对社会中形形色色的人，这些原本处于不同文化阶层、具备不同文化程度和不同性格的读者在阅读方面会有不一样的需求，这既是对高校图书馆的挑战也是促其进一步建设的好机会。

高校图书馆作为依托高校校园而存在的图书馆，其受到高校性质的影响很大，不同高校的不同专业偏向性等都会导致图书馆中收藏的文献的数量和侧重点截然不同，这对高校图书馆的进一步建设提出了不同的要求。

虽然不同的高校图书馆在能够提供的阅读资源方面必然存在不同，但是读者一般在阅读前不会对图书馆做出精心调查，也就很难提前意识到这一点，因此无论是什么类型的图书馆中都应具备相对全面的不同类型的阅读资源，这样才能在最大程度上满足高校教学、科研工作的基本要求和外来阅读者的多样化阅读需求。对文献资源的多样性建设在高校图书馆的开放中是必不可少的一步，虽然高校图书馆最基本职责是为高校的教学与科研工作服务，因此必须具备相关学科的更强的专业性文献，但是在未来的高校图书馆开放建设中对读者的多样化阅读需求的满足也是必不可少的。这也是我国高校图书馆目前最大的问题所在，只关注专业性强的文献领域的丰富与建设，对其他类型的文献的重视程度远远不够，当然这也是由于高校图书馆经费不足，没有过多的资金大批量购买非专业性的资源，也就是对单独的高校图书馆来说不可能涵盖社会各种领域所需的信息需求，制约了向社会多层次提供服务的可能。

高校图书馆向社会开放，最吸引社会读者的就是特色馆藏和地方特色资源，但是如果馆藏资源很少有地方特色的资源，自然也就制约了其为地方服务的功能。除重视馆藏质量外，高校图书馆在建设过程中还需要重点关注知识产权问题，也就是文献引进和使用过程中的合法性要求。有些人一提到知识产权就会下意识觉得这种对知识的传播有限制、提出门槛的做法是狭隘的，其实并不是这样，知识产权只是一种对知识传播的科学合理的限制，对信息资源的共享提出了一定的条件，对那些试图用别人的劳动成果谋取利益以及想要不劳而获的人树立起法律的高墙。支持知识产权的发展的具体原因在上文已经讲过了，无偿传播知识并不是免费，而是不在这一过程中盈利，最起码的建设成本和人力成本等还是需要通过不同渠道进行回收的，否则对建设工作的可持续性和参与人员的热情都是严重的打击，从长远角度来看也是不利于正常的社会文化等领域的建设的。在高校图书馆的建设和面向社会的开放的过程中，对于大量不同领域的文献的引进和开放与知识产权之间的问题的处理也是需要格外注意的，在法律和人文领域之间找到平衡是管理者和建设者必须要做到的。

第四节　高校图书馆社会化服务的实现路径

一、高校图书阅览的社会价值

近几年，高校图书馆掀起了对社会群体开放的浪潮，各个高校对这一行为达成了一致认定，积极开展开放工作。从实际的实施情况看，办学实力雄厚、经济体系充实的重点高校实施开放工作较早，而且规模较大，中等水平的高校刚刚迈出第一步，有了确切的进展，一些小型高校的图书馆发展稍显落后，还在准备阶段。

著名文人王玉林携同行人员于 2011 年，针对高校图书馆的开放工作进行了调研。调研显示，高校的图书馆开放工作机制还有待完善，图书资源开放范围有限，具体内容不一致，开放公众类群狭小，收费标准过高。

专家学者赵国忠曾针对兰州市高校的图书馆开放工作进行了研究。最终结果表明，兰州市高校图书馆的开放工作仍然处于初级发展阶段，或者刚刚起步，只有极少数图书馆的开放工作较为完备。学者祖力纳针对 100多所一流院校，展开了调查研究工作，通过查阅图书馆网络程序的相关记录，以及该区域的制度守则、服务项目等内容。给出的结论表明，"约75.9%的高校图书馆实行公开借阅，70%的高校设定了具体的信息管理部门，针对校外人员的借阅情况，进行追踪调查服务"。学者欧亮、万慕等人选取 39 所高校，通过网络问卷的的形式，调查该学校的开放情况，对其图书馆的工作开展，进行了细致的分析。结果显示，各所高校的开放形式并不一致，以各具特色的方式对公众开放。

总的来说，目前我国高校图书馆的开放工作在日益完善，开放范围不断扩大，接受趋势逐渐转好。从室内借阅、资料副本开放，逐渐转变为交付押金即可公开借阅。虽然高校图书馆的各项业务也开始向公众开放，并获得了较好的反响，但是，从整体评价来看，我国高校图书馆对公开服务的重视度仍然不高，发展进程较慢，公开范围狭小，服务项目单调，大体只包括图书资料的借阅。

二、我国开展高校图书馆对外公开活动的方式

(一)摸索高校图书馆对外开放的方法

我国高校图书馆的对外公开活动处在初级发展阶段，要实现社会化服务需要对社会用户进行基本划分，必须结合本校图书馆的实际特征和服务模式，设计规范可行的开放计划，丰富图书馆的服务模式，完善优化服务项目，以适宜的姿态服务社会。

1. 高校图书馆的受众群体

高校图书馆的受众群体涉及各种类型的人群，如政府单位、公司企业、中小学校、社区用户等不同职业地域，不同用户的资料需求大不相同。

(1)政府用户

很多关乎民生的重大信息都是从政府机关那里发出来的，而社会问题方面的信息又来自民间，是政府所需要的。概括来说，政府单位具有双重角色，既是社会信息的生产车间，也需要其他来源的信息。政府是高校图书馆公开服务的重要对象。当前，政府各部门的信息繁多复杂，高校图书馆可以借此优势，整理政府的相关信息，并进行资源的分类，建立完备易查询的资料系统，以迎合群众的信息需求。

(2)企业用户

我国目前以市场经济为主体，公司企业是市场的主角，参与引导市场经济的流通。我国中小型企业数目庞大，涉及范围较广。知识逐渐融入市场经济体系，各行业的竞争势头逐渐增强。行业内的对手竞争、商品竞争、商业模式的竞争等，信息系统地位的争夺也不容小觑。所以，高校图书馆以企业为服务对象，也是经济发展的需要。高校可以企业的发展模式和目标为基准，通过科学有效的手段为企业实行经济预估、研发新事物、实时统计客户需求等有效信息。

（3）中小学用户

我国中小学只在学校内部设立有图书室，一般规模不大，某些大城市的中小学拥有自己的图书馆，一般也都是资源有限，很难满足读者需求。高校图书馆需要承担更多的教育职能，因此，中小学教师与学生也是面向社会化服务的重要对象。中小学生的年纪普遍较小，生活经历浅显，知识储备量有限，所以，高校可以根据他们的生理心理特征，开放部分服务工作。

（4）城市社区用户

市区居民也是高校图书馆服务的人群之一。城市的人群组成类型较多，有政府单位企业部门的员工，也有闲适在家的退休群众，还包括一些特殊人群，所以，高校在实行针对市区居民的公开服务时，要结合广大群众的特征，实行切实有益的公开服务，为社区用户的生活提供便利。针对不同人群，设计不同的服务措施，比如，图书馆可与社区合作，了解社区居民的兴趣、爱好，以此设计服务内容，高校应该以他们的需求为出发点，为其提供有效的信息资源。力求为社会创造一个绿色健康、和谐融洽的环境，为居民答疑解惑。

（5）农村用户

我国农村地区的教育发展贫瘠，信息资源十分匮乏，知识储备量较低，教育体系不够完善，发展形势落后。农民难以获取先进科技知识和科技信息，造成劳动者能力水平不高，农村大量留守儿童教育存在问题。提高贫困农民和留守儿童的文化素质，是当前社会教育、经济前进和农村地区发展的首要任务，高校图书馆必须全面考虑农村的发展需求，承担起丰富农村地区居民知识体系的重任，为其提供促进农业发展的信息资源，并帮助农民将科学知识用到实际的农业生产中去。推动农业生产的发展，促进农民掌握新的生产手段，提升他们的社会价值与生存能力。

2. 高校图书馆社会化服务模式

高校图书馆秉持开放的理念，结合自身优势，精准开展对外公开的社会服务，高校图书馆应该创建全新的资源共享模式，为社会群众服务，拓宽群众的知识面，根据分享对象的特征，设立切实可行的服务模式，丰富服务工作的范围。

(1)基于主体的服务模式

围绕中心服务形式展开的开放体系，主要分为两种，自主构建和共同构建。

自主构建是指利用高校图书馆已有的人力资源，开展对外公开服务的活动，搭建信息资源共享的平台。这就需要高校图书馆具有较强的资源结构、人才队伍和工作水平，发展层级较高。我国使用这种自主构建对外服务的实例较少，福州、重庆、宁波等地的大学开展了图书馆的公开服务，是国内的典型实例。结合我国目前高校图书馆的发展现状，根据这种运营模式的性质还可以丰富公开服务系统，在实际工作的开展过程中，实行"馆企联合""协会合作"以及其他的信息服务方式提供服务内容。

共同构建是指高校图书馆拓宽合作范围，与其他公司企业共同构建资源共享平台，实现互利互惠的局面。现今，许多学校运用这一开放模式，和企业单位构建校企联盟、合作组织、建设基地等各类形式。

(2)基于内容的服务模式

根据服务内容，可将服务形式划分为借阅服务、专题服务、知识服务，其具体的服务操作见表6-1。

表6-1 　　　　　　　　　　　基于内容的服务模式的具体操作

模式	地位	服务操作
借阅服务	高校图书馆最基本、最容易开展的服务模式	满足本校教学、科研之外，将闲置或基本闲置的信息资源向社会用户开放服务；通过与社区合作了解需求，为所在社区的用户提供针对性服务；向社会大众开放电子阅览室，为其提供数字信息资源服务；同时为用户提供扫描、复印、打印、传真等一系列服务
专题服务	高校图书馆开展社会化服务最主要的模式	针对社会用户的需要开展高端用户服务，比如，专题社会信息服务、专题学习服务等

续表

模式	地位	服 务 操 作
知识服务	高校图书馆社会化服务中最具潜力和发展前景的服务模式	以信息知识的搜寻、组织、分析，重组知识和能力为基础，根据用户的具体问题和个性化环境，直接融入用户解决问题的过程，提供能够有效支持知识应用和知识创新的服务。对馆员的要求较高，因此有必要制定具体的奖励办法，鼓励和推动图书馆工作人员积极投入到文献资源的深层次开发和社会服务中去

(二)完善高校图书馆开放服务的能力

完善高校图书馆开放服务的能力，可以从下面几点切入。

1. 重塑公共服务精神

一直以来，高校图书馆的公开性都有待提高。部分高校曾加入北京图书馆队伍，并且曾承诺图书阅览室将免费对外公开，服务于社会，但实际上，许多高校并没有落实该项目，仍然不允许校外人员借阅，即使做到了对外开放，但开放的条件却有一定的限制，借阅服务收取费用。比如，首都的部分高校关于图书馆对外开放这一项目，设立了明确的条款，要求外来人员，必须出示个人的信息或相关批准证明，在图书馆的管理部门进行登记，方可入内，有的学校甚至直接禁止外来人员入内，或者需要缴纳一定的费用，才能借阅图书。高校图书馆应该顺应社会的发展趋势，摒弃闭关锁馆的理念，落实对外开放的原则，将开放引进资源共享的发展中。所以，高校图书馆必须明确自己的存在意义，不仅仅服务于本校成员，还要密切关注社会群体的信息需求，形成全面公开共享的体系，为社会广大群众服务，推动社会的文化发展，从而激发政治经济的前进动力。

2. 提升深层次服务能力

优化信息资源的公开服务深度是高校图书馆面向大众发展的重要内容。这需要高校图书馆拓宽知识资源的范围，增强专业学科资料的质量，在现有的发展能力基础上，提升工作人员的素养。高校图书馆不仅要丰富资源体系，还要着力培养工作人员的能力，实现自身优点的最大化利用，构建高效共享的信息共享体系，为社会群众创造丰富的知识宝库。

同时，高校图书馆还应密切关注社会热点，丰富信息资源，以完善高校图书馆的社会公开服务。任何时候，专业资源都是学科专家开展研究工作的前提，为研究课题的提出、项目实施以及结果审核过程提供依据，高校的图书馆便是推动科研项目进程的有力支撑，为其提供全面系统的专业资源，高校图书馆应该加强与科研部门的合作，建立密切的共赢关系，跟随科学研究的步伐，整合与其相关的专业信息，组织成有序可用的专业知识体系，为科研事业提供有效可参考的信息，推动我国研究工作的进程。某些高校已经实行了这一项工作，并取得了不错的成就。如湖南农业大学图书馆为植物病虫害防治工作的开展做出了一定的贡献，为这类研究的发展奠定了基础。

3. 组建多元化服务团队

为了顺应国家的总体发展态势，高校图书馆应该着重提升人才培养机制，提高图书管理人员的专业素养。图书馆还可以设立适宜的薪资待遇，配备一定的福利，通过建立科学的奖惩制度，实行工作责任制，以福利奖励的机制，激发员工的潜在动力，促进其发挥最大能动力；通过适当的培训活动，实现员工的自我提升。图书馆可将各方面的专业人才合理分配，组建成全面发展型队伍，实现人力资源的高效利用，有力推动学校各项事务的发展，形成为社会提供有效资源的组织。

4. 打造开放式服务模式

开放落实到实际工作中去，就是一种公开透明、宽松宜人的共享空间。高校图书馆要想实现对外开放工作的目标，就必然将开放的发展模式渗透到每个环节中。对公众开放凸显出高校图书馆的社会担当，以这种服务模式，为大众提供公开、全面、系统的知识体系。

5. 拓展公共服务空间

高校图书馆应该与与公共空间的图书馆携手并进，共同为社会大众普及知识贡献力量，强化对外开放体系。所以，高校可以通过与公共区域图书馆和村镇阅览室建立合作关系，共同创建公开可靠的信息资源库。比如，广州大学协助当地政府部门，为其情报信息的研究提供依据，形成当地家喻户晓的政治信息大全，在与政府合作的过程中，大大促进了广州的政治经济发展，带来了巨大的效益。高校图书馆还可以适当组织师生，自愿去居民区和村镇，开展文化交流活动，结合当地居民的文化水平和接受能力，举行一些专题交流会，播放优质电影，进行读书、知识讲演等活动。高校应该在完成自身发展的同时，深入基层群众，与他们交流探讨，提高国民的整体文化素养。

6. 健全公共服务体系

高校图书馆的资源是有限的，单靠其自身的力量无法为社会用户提供良好的服务。所以，高校图书馆必须寻求多方合作，实现资源共享，可以和外部公共空间的图书馆建立联盟，共同为社会人群服务。为避免行政体制、资金来源、人员编制等诸多问题，高校图书馆可以只与外部图书馆共享信息资源，建立公开透明的平台。当前，我国许多高校图书阅览室已经投入实施了这项工作，与外部资源交互。2007 年 3 月 30 日，深圳市科技图书馆投入使用，它的建设原型是深圳大学的图书阅览室，是我国第一家既为大学服务，也向公众开放的阅览室。大庆当地的公共图书馆和石油学院于 2014 年上半年建立合作关系，建成大庆市图书馆，为高校师生服务的同时，为当地群众提供信息资源。此外，还可以与公司企业建立合作互助队伍，将信息资源渗透到城市的各个区域，实现全民文化素养的普遍提高。

(三)优化高校图书馆对外开放的制度

高校图书馆对外开放的制度不断优化完善才能更好地为社会服务，建立健全多方面的制度政策，才能为公众提供资金技术以及资源的有效性等多方面保障。

1. 政策与法律保障

任何体系的有序运转都需要规章制度的维持，严格的法律条款给予社会稳定。美国高校图书馆以确切的法则作为基准，开展相关资源公开服务，有力促进了公开服务工作的开展。信息资源的服务范围广，国家政府应该给予一定的协助，为保证服务工作的平稳进行，设立制度政策，提供一定的经济扶持，推动公开工作的高效进行。我国应该重视这项工作，针对图书资源公开，建立科学具体的法律法规，约束高校的公开服务行为，维系社会各界的和谐交流。

2. 资源保障

要想实现公开服务的完美开展，高校信息资源的宽度和广度必须足够丰富，具备高深度宽广度的信息系统。这是高校图书馆为师生和社会服务的基本要素。结合科技发展，经典的信息资源是图书馆的重要内容，电子图书和资源也是必不可少的，为大众提供多元信息，可以充分利用碎片时间，进行信息的获取。所以，高校应该拓宽图书馆的资源范围，购进专业经典的资源信息，实现纸质资源与电子图书的有效结合，推动资源的流通渗透。

3. 资金保障

国家扶持是高校的主要经济来源，经过学校的预算统计，将资金分配给各个部门单位，用以维持教育和研究的发展。高校图书馆开展对外公开服务，必然需要大量的人力资源和设施，但资金需求量陡然增多，经济实力无法满足当前发展的需求，会形成供求失衡的局面。资金支持是许多高校图书馆都面临的问题。

高校图书馆一方面要积极争取政府和所属高校的资金支持，另一方面要大胆尝试拓宽资金获取途径。高校图书馆需要针对社会化服务的资源、设施人员等做好预算，并以社会化服务成果争取政府更多的财政支持，在拨款时把图书馆社会化服务所需的经费直接划拨给图书馆；同时，图书馆应配合学校发展建设，争取专项资金。高校图书馆社会化服务可以考虑以有偿的形式开展，针对不同的服务项目和服务内容收取合适的费用。高校图书馆还可以向社会筹措资金，通过这些途径加强资金保障。高校图书馆只有资金充足，才能顺利地开展社会化服务，不断地提高社会化服务的质量，资金取于社会也必将用于社会。

4. 人才保障

高校图书馆实行公开资源的项目，人力资源的质量是重要内容。原来单一的读者群随着社会化服务的发展，转变为多层次的读者群，这就需要高校图书馆馆员的综合素质更高。所以，高校图书馆的人才配置要不断加强，建立恰当的奖惩制度，激发馆员的潜在能力，根据馆员的优势，合理分配工作。

高校图书馆员素质的高低决定社会化服务的优劣。对此，高校图书馆需就人才保障方面做好以下工作。第一，培养优秀馆员和招揽人才的过程中必须要综合考量其综合素质。积极招揽专业图书管理和情报信息专业的人才，并将各个领域的精英聚集到一起，组建成高校图书管理的专业队伍，提升公开服务的质量。图书馆可以结合本校的发展需求、人才培养目标、专业类别、科学研究发展态势以及社会公众的需求，合理分配人才资源，实现人尽其才，提升公开服务的效率。第二，高校图书馆不仅需要要求图书馆员具有各相关领域的专业知识，还需要要求图书馆员具有高度的责任感和事业心、高涨的工作热情。第三，完善资源公开服务体系，保证参与工作的馆员的素养，实行阶段性的培训，建立适宜的奖惩机制，提高馆员的专业素养，激发其工作积极性。第四，高校图书馆的公开服务工作要注重人的全面发展，遵循可持续发展原则，实行科学规范的经营模式，建立适宜的规章制度，保障馆员的权益，图书馆要更新运营理念，重视资源公开服务的必要性，获得馆员对服务社会的理解、掌握与支持，以自身的优势为基点，积极展开社会服务工作。

5. 技术保障

当前，我国高校的图书馆资源公开服务的范围具有局限性，科技发展有待提高。随着5G、人工智能、VR等技术的发展和运用，高校图书馆可以充分利用新技术实现方便快捷及个性化的服务，图书馆可以利用科技手段，实时分享信息、藏书情况等，读者则可以网上预约资源，实现高效阅读。

高校图书馆可以通过博客、微博、微信等社交网络工具发布信息、推荐服务，并随时更新，方便各类用户参与并交流学习。如：北京师范大学图书馆等高校图书馆在微信上开通了公众号，实时发布馆内的信息资源和服务项目，如发布因假期而闭馆、开馆的通知，发布因施工而闭馆的通知，推荐新书，还发布注册账号的优惠活动等信息。清华大学图书馆的官方微博更是生动活泼，就简介中的那句"泡图书馆才是正经事儿"就足以让读者忍俊不禁，富有亲切感，因此吸引了众多的粉丝。上海大学图书馆官方微博首页还放置了图书馆简介的视频。

6. 体制保障

高校图书馆的社会化服务，需要完善的制度政策支撑。高校图书馆可以结合自身的专业结构、现有信息、人才资源、地区特色等优势，设立资源公开工作的走向，确立恰当的项目，完善单位的制度政策，并在发展过程中，不断反思、审视自己，在发展中实现最大限度的完善，维持公开服务工作的平稳进行。高校图书馆要合理利用自身资源，合理规划原本的运营模式，同时，也要紧跟社会发展态势，实时更新自己的经营理念，不断完善社会化服务和管理体系，提升服务绩效。

总结来说，高校图书馆实行对外开放服务是必然之举，但当前还有一些高校图书馆仍然处在发展过程中，硬件软件设施不够完善，实行对外开放的时机尚不成熟。高校图书馆应该以自身的发展概况为基准，遵循科学有效的发展观念，注重人员的全面发展，为师生提供完备信息资源的同时，将发展重心逐渐移向社会，以公众的需求为导向，推动资源的公开共享服务，提升图书馆的工作绩效。图书馆还可以根据不同用户的特征，实施适宜的服务工作，并结合自身的现状，设定切实有效的运营模式，丰富服务体系，实现全面发展，在发展中求革新求进步，为大众提供有价值的服务。

第七章　高校图书馆发展趋势

一直以来，图书馆人都在对图书馆的本质进行探究。有些人认为，图书馆就是"信息中心"，也有些人认为图书馆就是"第三文化空间"，还有一些人认为图书馆应该是"知识殿堂"和"知识宝库"，对于博尔赫斯（Jorge Luis Borges），他则认为"图书馆是天堂的模样"。对于图书馆在历史上的定位，其实是需要图书馆人进行客观看待的，对图书馆所具有的发展规律进行科学的总结，对图书馆所具有的发展趋势进行把握，对于当代图书馆人而言是其神圣使命。

第一节　高校图书馆技术发展趋势

一、技术应用更加广泛

对于图书馆而言，其信息化进程上的表现和变化越快，则信息化技术对于图书馆工作业务的影响越大。对于一些学者而言，他们对于图书馆在未来十年的相关技术和领域进行一定程度的分析，其中包括服务相关技术、行业性应用技术、资源组织技术、应用系统和与图书馆新形态相关的技术应用五大类，其中的新兴技术有35项，见表7-1。

二、技术系统的集成发展

高校图书馆为实现服务功能与工作任务所借助的技术系统是各种技术手段和技术制度的高度集成。随着信息技术被普遍应用到图书馆工作的各

表 7-1 图书情报相关的新型技术应用

服务技术	行业应用	资源组织	应用系统	图书馆新形态
iBeacon				
NFC				
RFID		RDA	发现系统	
二维码		SKOS	数字阅读平台	
位置服务	云计算	本体	数字人文与	无人图书馆
3D 打印服务	WEB APP	关联数据	e-Science	移动图书馆
BYOD	移动 APPS 应用	书目框架	下一代图书馆	智慧图书馆
游戏化	HTML5	大数据	自动化系统	创客空间
SNS		内容分析	电子书	全自动密集书库
微博		替代计量学	数据服务	
微信				
智能参考问答				

个环节，图书馆技术系统实现了快速的自我更新和高度集成。将计算机技术、网络通信技术、物联网技术等融合构建集成性图书馆技术系统，是实现集成服务的基础。以图书馆集成管理系统 ILS(Integrated Library System)①为例，从传统的 ILS 系统到数字图书馆时代，对 ILS 系统进行功能拓展、内容丰富、界面优化和增强交互，ILS 系统的集成性、可用性和用户体验也在不断提升，可实现书目信息快速查找与定位、语义检索和导航、用户标注和互动等多种功能。

在未来的发展过程中，图书馆的技术集成趋势将更加明显，总体上主要包括信息技术基础(设施及其结构)、信息技术功能(服务)以及图书馆业务应用三个层面的技术集成。这意味着图书馆将不断开发和应用新的技术

① 集成管理系统 ILS(Integrated Library System)，产生于 20 世纪 80 年代初，伴随机读目录出现，单一功能的系统逐渐发展成为各个功能模块已相当成熟的集成管理系统，主要致力于图书馆内部馆藏管理和本机构内读者的管理。

集成管理模型，优化基于信息技术集成的综合管理架构和管理模式，以实现基于集成效能的服务增值和更加满意的用户体验。

三、智能图书馆技术的探索

对于智能图书馆而言，其演变是来自传统图书馆、数字图书馆的，是经历了一步一步的演化和实现的全新概念，同时对于新一代图书馆而言，智能图书馆是重要的发展方向，它更加趋向于"智能技术+图书馆建筑+数字图书馆"的集合，利用信息物理系统（CPS，Cyber-Physical Systems）对于智能化的管理和服务进行实现。为了保证智能技术对高校图书馆在多个目标上的实现，其中包括智能化感知、环境、管理、服务和体验等，很多技术是必不可少的，比如情境感知技术、传感器技术、RFID（无线射频识别）技术、语义技术等，这对于图书馆在其服务上和环境管理上进行提升，同时对于图书馆的智能化发展也进行促进。

在美国图书馆协会（ALA，American Library Association）举办的"新技术在图书馆服务中的应用"优秀案例征集中，全自动触摸屏自助借还书机、手机图书馆、图书推荐工具等新技术均已在图书馆运行且效果良好。通过图书自动识别与智能续借、个性化智能信息推送、面向移动端的语义检索、可视化导航、实时交流互动等功能的实现，相关智能技术和语义技术的应用，能将全面感知空间与泛在信息空间集成起来，极大地方便读者对图书馆资源的使用和精致服务的体验。不难看出，不断探索发展智能图书馆相关技术及其应用是图书馆服务质量和服务水平提升的重要措施，也是高校图书馆技术发展的必然趋势之一。

四、计算技术的深入应用

随着大数据时代的到来，用户对图书馆的服务能力提出了更高的要求，这对图书馆的发展而言无疑是一种挑战。现代图书馆的信息资源总量日益增长、数据组成结构与类型复杂多模态，体现出了大数据特征，这也为计算技术的深入应用、数据资源的有效利用、智能决策支持和服务创新提供了契机。计算技术(Computing Technology)的兴起源于大数据时代对人类个体和群体行为进行精准洞察的需要，对图书馆来说，计算技术应用关注图书馆信息环境的可计算性与用户行为的可计算性。目前，图书馆的资源数字化程度越来越高，并且前所未有地支持用户产生数据(UGC，User Generated Content)。

利用相关计算技术与数据分析，可实现用户导向的服务分析与设计，比如，发现读者的阅读倾向，进而进行个性化推送；进行动态精准化环境监测和预测，进而支持图书馆管理决策；实现内部资源的整合与外部资源的共享，促进信息资源的精准获取和有效利用；将感知空间数据与信息空间数据融合起来，提供全方位多元的集成式服务。计算技术的深入应用将是图书馆技术发展过程中的一个重要研究方向和应用领域。

五、个性化服务技术的推广

对于个性化服务而言，其主要建立在数字化服务普遍进行的基础之上，个性化服务实现了对图书馆中用户在其多元、综合和具有一定个性化的要求，同时对其服务水平和质量进行提升，对于图书馆发展而言是重要的机遇。早在 1999 年，美国的图书馆与信息技术协会就曾经指出，信息技术对于图书馆应该产生重要的七大发展趋势，其中第一发展趋势应该是个性化服务。同时，在《新媒体联盟地平线报告(2015 图书馆版)》中也指出，对于高校图书馆在其驱动上的第一个关键期就是对于用户在其体验价值上的提升。

图书馆对于个性化服务的认识与实践一直在不断发展，并在图书馆信息化、数字化、智能化发展的过程中不断推进，比如，个性化界面与检索方式、个性化信息推送、个性化网站、个性化信息空间(学习空间、研究空间)建设等。同时，用户参与的服务设计理论被引入到高校图书馆实践，产生了 SSA(Space，Service，Assessment)、真人图书馆、读者决策采购、SoLoMo(Mobile+Social+Local)等新型服务理念和模式，有效提升用户的体验价值。应用数据挖掘、移动互联网、人机交互、信息可视化、群体智慧等技术，支持图书馆个性化服务和用户参与的服务设计与服务创新，是高校图书馆技术发展的又一个重要趋势。

第二节　高校图书馆服务发展趋势

一、服务管理的规范且社会化趋势

(一)服务管理规范逐步建立

纵观全球，包括英国、美国、日本等许多国家和地区已通过设立图书馆法，对图书馆的职能、服务、经费、管理等进行详细的规定。不仅如此，很多国家还有十分完善的图书馆法律体系：专门性的图书馆法、图书馆相关法、图书馆行为规范等。例如，日本有专门为学校图书馆而设立的《学校图书馆法》。我国在图书馆法方面做出的努力还处于基础阶段。

2015 年 12 月，《中华人民共和国公共图书馆法(征求意见稿)》公开征求意见，对公共图书馆的设立、运行、服务等进行了明确的规定，这是我国向规范建设和管理公共图书馆所迈出的重要一步。针对高等学校图书馆事业发展需要，教育部于 2015 年 12 月 31 日印发了《普通高等学校图书馆规程》，它是对 2002 年发布的《普通高等学校图书馆规程(修订)》所进行的全面修订，可更好地指导和规范高校图书馆工作。相信未来将会有更多有效的法律法规来指导图书馆的建设与运行，使图书馆更好地为读者服务。

(二)资源服务社会化趋势逐步增强

互联网与移动技术的发展，使图书馆服务群体不再受地域的限制，高校图书馆也将不再仅仅服务于本校读者。在 2004 年，美国的谷歌公司就对英国和美国具有的 5 个世界文明的图书馆进行联合，其中包括美国哈佛大学图书馆、密歇根大学图书馆、斯坦福大学图书馆、纽约公共图书馆和英国牛津大学图书馆，从而实现对全球最大网络图书馆的建设，利用各图书馆馆藏，实现对其图书的电子化，同时将其在网络上进行呈现，并且对于全世界用户而言，都可以对其进行免费的查询与使用，图书馆从原本的"离线"模式慢慢转为"在线"模式，对于很多用户进行吸引，对于馆藏进行阅读。

目前，我国一些高校图书馆在建设和完善电子馆藏的同时，也开始注重向社会用户提供一些资源和服务，深入开展各种形式的文化活动，比如，举办各种形式的读书节、阅读推广，积极在社区中开展全民阅读活动等。随着社会化服务功能的不断拓展，未来高校图书馆的各类资源和服务都将逐步向社会开放使用。

(三)资源服务内涵不断拓展延伸

随着图书馆"在线"资源的不断丰富完善，能够吸引读者的将不只是馆藏，还有环境。正如美国未来图书馆中心所表示的，快捷和休闲的服务理念将会体现在图书馆的空间建设上。近年来，越来越多的国内外高校图书馆注重建设信息共享空间、研讨室、休闲娱乐空间等，在改善空间的舒适度、愉悦度等方面下功夫，并且将空间和设备看成馆藏资源一样，作为可以借阅的内容提供给读者，比如，耶鲁大学图书馆、澳门大学图书馆、台湾清华大学图书馆等。更有甚者，如瑞典一家图书馆还提供出借人员的服务，充分体现出高校图书馆资源服务的不断开放延伸趋势。

二、读者服务的个性且智能化趋势

(一)个性化读者服务发展日渐深入

随着图书馆读者群体的快速扩展，读者需求日趋多样化，统一标准的图书馆服务将不再能够满足读者的需求。因此，不少的高校图书馆已经开始对图书馆的资源使用、服务情况、读者行为等进行大数据分析，有的图书馆还对读者个人使用图书馆的行为数据进行挖掘，比如，厦门大学图书馆；有的通过建立图书馆智能门户网站，根据读者的个人身份特征进行资源和服务的个性化推送，比如，上海交通大学图书馆。

借助数据分析的结果，高校图书馆对不同的读者群体进行个性化服务，向不同读者推送即时的信息和服务，从而提高读者使用图书馆的效率和用户体验。这种"以用户为中心"的服务是对图书馆传统服务的颠覆，是未来图书馆服务的新增长点。当然，未来高校图书馆对大数据的分析也许不再局限于读者使用图书馆的行为数据，还包括读者的健康状况、职业发展、教育培训等相关数据，从而为每一位读者提供量身定做的学习计划、阅读建议等。

此外，社交媒体快速发展，不仅给用户使用图书馆带来极佳的新技术体验，而且促进了微服务在国内外图书馆的良好发展，为图书馆开展营销和个性化服务提供了便利条件。如 Facebook、Twitter、YouTube 等一些知名社交媒体平台在国外图书馆界已有着极高的覆盖率，而微信、微博等社交媒体在国内图书馆界也得到了普及应用，众多的高校图书馆都建立起自己的微博主页和微信公众平台，馆藏检索、座位预约、图书荐购、信息发布等服务内容都能够通过这些社交媒体得以实现。

(二)智能化读者服务应用日渐普及

科技和网络的出现促成了图书馆读者服务日趋智能化，主要表现是机器主导、人为操作控制，建立了以读者为中心的服务理念。

近年来，许多国内高校图书馆开始重视自助服务功能建设，比如，积极引进馆藏检索终端、自助复印打印机、自助借还书机、自助选座机、研讨室管理系统等设备和技术，这既让读者体验到了图书馆主动简单的信息技术和服务，又使馆员从具体琐碎的管理事务中解放出来，提高了工作效率和服务效果。随着智能机器人在清华大学图书馆、武汉大学图书馆等为读者提供点对点的咨询服务成为现实，各类自助服务、"一站式"服务在高校图书馆的普及应用，以及智能技术与数字图书馆技术的不断融合发展，高校图书馆的智能化服务深度和水平将会迈上新台阶。

(三)专业化读者服务提供日趋推进

现代技术与智能化服务的普及应用,使馆员从流通服务和一般咨询服务中解放出来,可以集中力量为用户进行专业化、技术化服务,一些图书馆馆员已成为嵌入式信息服务专员和学科馆员。例如,美国 Welch 医学图书馆的馆员已经成为医学团队中的一部分,他们会及时的将信息服务嵌入用户的工作流程中;莫纳什大学图书馆馆员作为"learning skills advisers"为各个学院提供服务;普林斯顿大学图书馆馆员为读者提供统计学、研究数据处理等方面的服务;斯坦福大学图书馆馆员为读者提供多媒体创作、可视化服务、计算机应用和现代技术等方面的帮助。这些细致的专业技术服务也是我国高校图书馆需要注重发展和提供的服务内容,而这些技能的获得要求馆员在相应的专业素养和能力方面尽快提高,以适应这一趋势发展的需要。

三、信息服务的泛在且协同化趋势

(一)强调泛在化移动信息服务发展

泛在计算技术的高速发展,使图书馆的信息服务无所不在、无时不在。对于图书馆而言,其进行泛化的重要核心就是对人类在知识的普遍访问上的实现,就是要保证用户在无论什么地点、什么时间,都能实现对图书馆中的所有资源进行获取。这样的泛化服务也使得图书馆的服务彻底改变,从原本的只对到馆读者进行服务的方式变为了对用户存在的所有地方的服务。泛化服务强调信息获取的全天候、即时性,强调信息获取的方便性、快捷性,强调信息良好的开放性与交互性。

为了实现图书馆泛在化信息服务目标,需要借助于移动信息服务这种现代化的技术方式和手段。我国高校图书馆的移动服务伴随移动端和移动互联网日益发展,已从简单的短信(SMS)、彩信(MMS),发展到移动网站(WAP)、微信服务和客户端服务(App),比如,北京大学图书馆、清华大学图书馆、武汉大学图书馆等开发出的本馆移动服务客户端，能同时提供多种模式的移动服务，这些技术已走在我国图书馆移动服务的最前端。

（二）强调精细化科研情报服务提供

围绕用户的信息需求，近年来国内高校图书馆提供的科研情报服务归纳起来主要包括基本服务，比如，数据库导航、期刊导航、论文提交；特色服务，比如，科技查新、论文收录及被引用检索、发现服务、学科信息推送服务、个人参考文献服务、数据分析服务等。

为了不断满足用户的需求，国外已有不少高校图书馆注重将科研情报服务贯穿于各个科研阶段，体现了科研情报服务的动态而精细化的趋势。例如，在项目申报阶段，明尼苏达大学图书馆专门为用户推送基金检索和申报渠道的相关信息；在项目开展阶段，斯坦福大学图书馆开发了社会科学数据软件，为读者提供数据访问、保存、分析等服务；在论文撰写阶段，康奈尔大学图书馆、拉夫堡大学图书馆等为用户提供引文管理服务。

这些精细化服务已在我国部分高校进行了尝试和探索，随着高校对开展科研情报服务工作的日益重视和加强，相信未来这些服务将会朝着更系统完整、更连续深入的方向发展。

（三）强调协同化深度服务咨询

图书馆提供的常规咨询服务主要包括入馆须知、检索辅导、方位指引、数字资源使用、参考咨询等。随着读者对信息检索、学术论文发表、毕业论文撰写等深度咨询服务的需求不断增加，国内外一些高校图书馆已开展了论文写作、论文检测、专业辅导等深度咨询服务。

此外，为了给读者提供方便的咨询服务，需要馆员24小时跟踪并提供咨询，这对图书馆来说是个极大的挑战，尤其是当服务项目多样化后。鉴于人力资源的限制，许多图书馆通过合作伙伴来安排数字参考服务。例如，耶稣会大学通过合作伙伴提供24小时的虚拟参考咨询服务，超过2 200个图书馆参与其中，体现了图书馆咨询服务的协同性。由于种种原因，大规模的协同合作在国内高校图书馆中还需要一段较长时间的实践，但互联网使合作变得更便捷。鉴于各图书馆在发展中都有相互取长补短的需要，因此，协同咨询服务将会是未来图书馆的发展方向。

第三节 高校图书馆管理体制创新

一、理念创新

对于理念而言，其主要是对于某一事物和理性知识与追求上进行实现的观念体系，对于人们进行指导活动，同时对于其结构也进行一定程度的影响。对于图书馆而言，其灵魂就是服务，同时对于图书馆理念体系而言，其核心也是服务，对于图书馆而言，服务是对文化在其内涵上的一种表达。但是，对于"读者第一，服务至上"的高校图书馆，在服务理念上是抽象、空洞的，无法直接指引图书馆的行动目标和发展方向。因此，管理体制创新的第一要义便是理念创新。只有形成符合所在高校特点的、符合自身条件的、能激励馆员成长并能满足读者需求的服务理念，才能够明确发展方向、清晰服务思路。

事实上，近年来取得良好发展的高校图书馆都有定位准确的理念作为指导思想，并贯穿于整个服务体系。例如，早在 2008 年 9 月，上海交通大学图书馆在全面思考转型与变革发展、认真分析读者需求的基础上，站在战略的高度，借助馆员头脑风暴的形式，集思广益，重塑了具有战略意义的全新服务理念，"资料随手可得，信息共享空间；咨询无处不在，馆员走进学科；技术支撑服务，科研推进发展"。该理念分别从馆舍内服务的便利性，馆员走出图书馆、进院系和学科以及借助科研强化技术支撑服务三个层面，对图书馆的服务给出了定位准确、便于操作的行动准则，为推动泛学科化服务体系起到了极为重要和有效的指导作用。此后，越来越多高校图书馆开始结合自身条件特色进行理念创新。

总的来说，对于图书馆而言，创新需对本身的全局性和前瞻性需要进行保持，对于其本身应该也是符合实际需要的，对于操作也是具有便利性的，需保证图书馆是具有一定便利性的，同时要存在一定的特色，实现对于卓越的核心服务上的追求，这样就可以实现对发展目标的达成。

二、机构重组

有了切合实际的、方向明确的理念，还必须有一套良好的管理机构来保障理念的全面、顺利落实，这要求我们进行建立的是更加完整的组织机构，其机构内部的中心应该是读者。对于机构重组而言，其意义是至关重要的，这一调整是具有决定性的。一方面来讲，机构重组可以保证对服务理念上的实现和对在创新上的深化。另一方面来说，机构重组对于多方面工作可以进行适当协调，对于工作环境和氛围而言，应该是积极向上的。我们应该意识到，良好的组织机构是高校图书馆发展的核心保障和关键因素。近年来，许多高校图书馆为适应读者需求变化、谋求新的发展，先后进行了全面或部分的机构重组，并从中收获了成功的喜悦。

比如，在 2015 年，北京大学图书馆进行机构重组，对于以往的多媒体部和流通部的核心进行拆解，取代它的就是六个中心，也就是学习支持、研究支持以及信息化与数据、资源建设、特色资源、综合管理与协作，同时还进行一个古迹图书馆的增设，对于读者服务提供了一定便利。

三、运行机制优化

如果说组织机构的重组，在上层建筑的高度给贯彻推行理念提供了保障，那么，为了最终落实理念的思想，达到高效协同运行、提升执行力的目标，还需要有一套良好的、不断优化的运行机制来保障具体业务工作的顺利推动，才能让用户切实享受到更为通畅、便捷的服务。运行机制优化的重点是，其机构是进行重组的，对于传统的条块分割进行打破，同时对其规范流程和规章制度的建立是合理科学的，对于部门之间的接口进行减少，同时对于各个业务部门中的沟通进行加强，对于协作运行在其效率上进行提升。与此同时，其针对短期任务、交叉业务和相关的重点专项工作，可通过专项工作小组进行建立，形成相应的团队，对于其工作的推进实现条块结合。

也就是说，在运行的过程中，通过有目的地、与时俱进地梳理业务流程、整合工作规范、加强协同思维，可以达到优化运行机制的目的，从而能够充分保障机构运行的制度化和规范化，在兼顾严格性和灵活性基础上，保证工作开展的延续性和一致性。

此外，常态化的工作例会制度与协同办公系统，也是确保各项工作及时沟通和持续高效推进的重要条件。无论是在图书馆的领导班子层面，还是在下属各个业务部门，以制定工作规划、协调工作、解决关键问题和总结经验教训为目标的且有效的例会制度，是上传下达、凝聚共识、督促落实，并确保业务工作良好运行的保障。同时，借助合适的协同办公系统，能够帮助起到业务信息公开、及时共享和反馈掌控的积极作用。

四、组织文化建设

良好的文化与和谐氛围，是保障机构长期可持续发展的创新动力。文化的内涵博大精深，文化孕育着巨大的力量，有着持之以恒的魅力，并且无形的文化可以塑造出有形价值。对图书馆而言，在当前形势下，培育共同的价值观念，塑造具有感召力的团队精神，树立良好的内外形象，更加具有深层次的意义。

在图书馆的文化体系中，良好的组织文化可以推动和激发积极、创新的服务，尤其是在图书馆事业处于快速发展的转型时期，组织文化建设对确保发展战略的实施起着决定性作用，并且有利于提升图书馆的核心竞争力，不断激发馆员乃至读者参与服务创新的积极性。同时，良好的组织文化还是保障图书馆有序、快速发展的润滑剂。

一般来说，在党、政、工、青、妇等各个方面的协同配合与互补保障条件下，通过建立帮助馆员提升的学习机制，培养馆员的使命感和忠诚度，强化团队精神与合作氛围，充分尊重馆员的能力和个性发展，都是营造昂扬、积极、进取的有效组织文化体系的重要方面。最终，希望通过组织文化体系的建立，让团队精神、创新精神、服务精神、奉献精神深入人心，进而顺利实现服务读者的总体目标。

五、管理手段升级

(一)数据统计平台

在当今大数据时代和图书馆转型发展的新时期，几乎所有的业务工作均离不开数据。事实上，错综复杂的数据，如果不善加管理、合理利用，往往会制约图书馆的科学有效发展，因而数据统计与管理也是评价图书馆整体发展水平及综合能力的重要依据。所以，在有条件的情况下，对于图书馆，应该进行数据统计平台的建立，对于不同的服务和相关的应用，要进行实时采集和自动采集，从而实现对其基础数据的"原子化"，图书馆对于这些基础数据要进行充分利用，并且对其进行分析和统计。这样既可以全面掌控工作动态、辅助业务联动、提升服务品质，又能够辅助简化工作流程，准确实时地按需组织发布数据，保证数据的统一性和准确性，实现各类报表的快速一键生成，提高工作效率。此外，数据平台的建立可以及时发现工作中的问题，有效提高管理的科学化水平，进而提升服务质量。

(二)业务文档网络共享

图书馆在服务过程中会产生大量的文件档案，如何有效管理好这些文档是检查评估一个图书馆管理水平的重要指标之一，也是图书馆良性发展的重要手段。在图书馆转型的发展过程中，伴随服务推进产生的人员流动、岗位交接、对外联系和项目开展等繁多的工作，上下级之间、部门之间、团队之间的信息共享和文档交换表现出越来越重要的价值和作用，一旦出现信息不畅或者不对称现象，往往会影响到整个工作和服务的有序开展，轻则影响工作效率，重则可能导致产生矛盾、降低服务质量。

在现代技术环境下，云存储技术已经日益成熟，在保证信息安全可靠的条件下，利用 FTP（File Transfer Protocol，是 TCP/IP 协议组中的协议之一）、云盘、NAS（Network Attached Storage，网络附属存储，是一种专用数据存储服务器）存储等方式，可以非常方便地实现信息共享和文档快速传递，确保交流沟通的及时、顺畅。此外，借助良好的网络文档共享环境，还可以便捷地建立并积累历史档案，妥善保存历年的业务工作资料，这对图书馆的整体发展，乃至将来回溯研究都具有巨大的价值。

在信息爆炸与知识服务的时代，转型已经成为高校图书馆发展的必然趋势。越来越多的图书馆在认真思考后，都在通过理念重塑、组织机构重组、运行机制优化等手段来实现管理体制的创新，并以此支撑动态发展的服务体系。高校图书馆必须以更加开放的发展眼光和创新思维，不断调整和改变常规的服务模式和管理思路，这样才能适应高等教育发展所赋予图书馆的使命。与此同时，在进行图书馆的建设时，要对几个重要的层面进行关注，比如，理念体系、机构管理、业务运行与组织文化等，要实现对突破和需求的发生，对于其管理体制和内涵建设应该适当加强，保证其从被动的发展模式向着对变化的适应，同时对主动创新体进行用户驱动。

第四节 高校图书馆人才队伍建设

一、人才队伍呈现若干新特征

（一）专业化特征日益凸显

随着国家经济社会发展从依靠要素驱动、投资驱动到创新驱动，高校在整个国家创新体系中正在发挥更为重要的作用。高校是知识创新的主体，而知识创新是技术创新的源泉，是一切其他创新的基础。高校图书馆在国家实施创新驱动发展战略过程中，必须紧抓机遇、乘势而上，通过建立学科服务制度，培育学科服务人才，运用数据挖掘工具，对馆藏知识资源和网络知识资源进行广泛收集、深度挖掘、科学分析，为知识创新主体

165

及时提供服务。在此发展趋向下，高校图书馆要能堪此大任，馆员队伍必须走专业化发展道路。

根据国家相关规定，图书馆馆员包括专业馆员和辅助馆员，专业馆员的数量应不低于馆员总数的50%，并具有硕士研究生及以上层次学历或高级专业技术职务，并经过图书馆学专业教育或系统培训。除此之外，专业图书馆馆员通常还应该具备某一学科的知识背景，这样才能在图书馆的知识服务过程中发挥更好的作用。

就目前来看，对于高校图书馆在知识服务工作上的开展，硕士学历馆员是其生力军，而高校图书馆主要的招聘对象就是硕士研究生馆员，所以硕士研究生馆员在总体人数上是在增长的。但本科学历馆员在人数上是硕士学位馆员在人数上的2倍左右，所以对于高校图书馆来说，本科学历馆员仍然是其主力，但其数量在逐渐缩小，这就说明图书馆员其本身的学历结构是在进行提升的，硕士研究生及以上层次学历馆员将成为高校图书馆人才队伍主要的群体。

（二）一专多能成为基本要求

对于图书馆的发展而言，很多新技术对其产生了一定的影响，比如，大数据技术和云计算技术的应用、数字图书馆和智慧图书馆建设、互联网+图书馆建设、空间环境改造、对读者的阅读推广和信息素养教育、信息共享空间建设、微服务的深度发展、嵌入科研和课堂的知识服务、专利情报分析以及 MOOC、iSchool、数据开放、众创空间等。这些新事物对于图书馆将其原本的边界进行打破，同时促使图书馆发展开始转型，图书馆在资源上出现新的形态，也就是馆藏资源数字化、服务内容知识化、服务手段智能化、服务模式虚拟化。

面对这样的大背景，高校图书馆在职能上还是原本的采编、流通、阅览等基本工作，就会导致无法满足读者日益多样化的要求。除此之外，图书馆在各类服务上，实现了交叉和融合，对于这样的机遇和挑战，需要高校图书馆的馆员具备一定能力，高校图书馆馆员对于专业技能需进行强化，同时对于业务知识要进行拓展，保证个人发展的多向性。比如，对于承担采购业务的馆员，为了能科学判断图书是否符合本校学科发展的需要，馆员须具备读者需求调查和分析能力、策划与组织能力、与院系沟通能力，对馆藏数据监测分析能力，还应该具有一定的大数据分析能力、微服务能力、采购模型的建模能力。

现在一些图书馆，比如，安徽大学图书馆、安徽农业大学图书馆等，为更好地开展阅读推广活动，专门成立了活动与发展部、活动公关部等，这些部门的员工所应具备的能力是传统图书馆馆员无法想象的，主要包括活动组织策划能力、新媒体开发管理与运营能力、视频拍摄能力、数字音频视频编辑能力、平面设计能力、公关宣传能力、各类文体的写作能力（如书评、影评、策划方案）。

（三）人才队伍得到有力补充

学生馆员在高校图书馆中发挥着日益重要的作用，比如，中国科技大学、南京大学、合肥工业大学、安徽大学等高校图书馆都拥有数十、上百人的学生服务团队，他们承担着诸多业务，包括图书上架、图书清理、自修室管理、图书漂流、活动组织、媒体宣传、会议室管理、新书推荐等，还承担着图书馆与教师之间沟通的桥梁，发挥着重要作用，甚至在某些馆、某些业务中发挥着基础性作用，可以说，没有学生馆员这些业务无法开展或无法顺利开展。另外，一些高校馆新书加工、阅览流通、安全保障、卫生清洁等外包给其他服务机构，这些外包人员大部分也在馆内工作，代表着图书馆服务的水平和形象。这两类人员在今后的图书馆人员队伍构成上，会呈现增多的趋向。

二、人才队伍培育方法将不断创新

（一）实践培育

高校图书馆馆员根据现在应该存在的岗位，对新业务进行开展，同时还要进行自学和摸索等多种方式的探索，对自身在业务能力上进行提升，也可以在业务上通过对其他单位进行参观的方式进行部门经验的学习，甚至可以对于一些员工进行相应工作的委派。这样的实践和体验方式，是对馆员能力进行提升的最好方式。

(二)科研培育

通过馆内或学校科研立项的方法，激励相关人员研究思考如何更好地开展业务。比如，为了实施 RFID(Radio Frequency Identification)、升级现有的图书管理系统、推进纸质图书数字化等这一类图书馆以前没有做过的新工作，需要通过立项的方法，组织课题组去进行理论探索，总结其他馆的经验，可以有效地解决面临的现实问题。

(三)项目培育

项目培育的方法在图书馆已开始使用，比如，安徽大学图书馆、安徽农业大学图书馆，分别在 2016 年年初和 2015 年年底开展了此类活动，通过案例比赛的方式，将各团队的工作面向全馆和全校展示，这一方式不仅增进了图书馆部门之间的了解，还大大提升了学校相关部门对图书馆的了解。此外，安徽大学图书馆还将目前面临的一些现实重大问题，设计成若干项目，采取面向全馆进行招标的办法予以实施。

(四)协同培育

大学图书馆馆员角色多样，承担任务的类型、复杂性和难度都较大。在这种情况下，馆员队伍建设不能仅限于本部门、本馆，而应该推行跨部门、跨学校、跨系统协同培育的方法。本馆内协同培育可由馆办或发展部执行，本校跨部门培育可请校办或相关部门协助，跨校的图书馆协同，可由省图工委或全国图书馆组织执行。

三、人才队伍建设引入更多的激励制度

（一）多途径的升迁通道

高校图书馆人才队伍建设，目前基本上只有一个通道，就是专业技术职务晋升。虽然图书馆也有行政岗位，但这些职位基本上面向高级专业技术职务人员。从众多图书馆的情况看，专业技术职务晋升这条途径十分艰难，主要表现在这两个方面：其一，一些馆没有专业技术职务晋升机会，这不仅表现在二三本院校，甚至一些"985"高校也有此类现象，这些"985"高校图书馆虽然在全国来说表现不凡，但图书馆在本校依然处在弱势地位，专业技术职务评审经常处在下风而难以如愿；其二，大部分高校图书馆虽然有专业技术职务晋升的机会，但毕竟名额有限，尤其是在中级专业技术职务晋升高级职务上，出现了"肠梗阻"的现象，大大挫伤了年轻馆员的工作积极性。

因此，建立高校图书馆人才多途径的升迁渠道迫在眉睫，一是在专业技术职务晋升上争取更多的机会，高校图书馆是服务性的学术机构，专业技术职务是一个员工能力的根本体现，要让其他部门认识到图书馆的重要性；二是在行政晋升上，可将部室主任纳入行政科级体系，组织部门对其任职资历应予以承认；三是组建项目团队，对业绩表现好的馆员，让其担任团队领队和核心成员，这包括学科服务、专利服务等。

（二）更人性化的上班制度

高校各图书馆的上班制度有所相同，大体上有行政班和业务班两种，业务班中的阅览流通大部分都是倒班制或轮班制。部分高校图书馆还引入了差别化的弹性工作制，对一些创新要求较高的岗位、以工作任务为导向的岗位，可以适当引入弹性上班制，不严格考勤。对按照传统上班制度执行的部门，在确保业务正常开展的前提下，也可以在上下班方面采取一定的弹性制度。

（三）更舒适安全的工作环境

工作环境是影响员工积极性的重要方面。高校图书馆从传统的闭架借阅到现在的开架借阅，工作环境有了较大提升。随着新一轮的空间改造，图书馆的阅读环境也需要有明显的改善。随着国家"四个全面"的战略布局以及"五大发展理念"的推行，图书馆馆员对工作环境的要求将有进一步的提高，不仅对工作的温度、湿度、光照有要求，而且环境上的绿色、健康、舒适的要求将有进一步提高。2015 年 12 月 17 日，由安徽省高校图工委主办、安徽医科大学图书馆承办的"安徽省高校图书馆员职业卫生与安全专题论坛暨学术研讨会"获得与会者的共鸣，在一定程度上表明高校图书馆工作环境的进一步改善将势在必行。

（四）更多地参与图书馆决策管理

在国家推进治理体系和治理能力现代化过程中，图书馆的管理必将受到影响，主要表现在三个方面：其一，图书馆应该有自己的学术委员会，该组织对图书馆专业技术职务评定、论文论著的审核、项目立项的评审以及学风问题做出决定；其二，图书馆成立职工代表大会，该组织可以就图书馆重大问题做出决策意见；其三，图书馆建立民主决策机制，重要问题的处理或认定、制度规划的出台，都应广泛征求馆员的意见。这种参与式管理可以激发馆员的工作热情，提高对组织的认同感和归属感。

第五节　合作与共享联盟发展趋势

一、向专业化方向发展

近几年，高校图书馆界逐渐出现一些小规模、基于特定业务发展需要而自发形成的图书馆联盟。比如，高校图书馆 RFID 技术应用联盟、学者唯一标识符联盟等。此类联盟的特点之一是联盟通常由新技术在图书馆的应用或图书馆服务创新所引发，单一图书馆难以解决，需要"抱团"以形成有效的影响力，进而影响产业发展，促进行业应用。比如，RFID 技术应用联盟就是为了推动 RFID 厂商统一标准，以期在图书馆获得最佳应用而成立。此类联盟的另外一个特点是联盟自发形成，规模较小，成员发展缓慢。目前，我国高校图书馆的创新服务多是出现在"985""211"高校图书馆，因而此类联盟发起馆通常为数不多，加之创新服务在其他高校图书馆推广普及速度较慢，因此联盟成员发展也相对缓慢。

二、向产业联盟方向发展

随着外包市场的兴起以及新的产业链和产业环境的形成，图书馆与信息服务行业、业务外包行业及相关技术支撑行业的合作愈加频繁和紧密，已经突破了传统的买卖关系，开始趋向多途径、多形式的合作。单纯的图书馆联盟已经不能有效解决图书馆创新和发展中遇到的新问题，图书馆需要与"外部环境"互动，建立跨行业的开放协同发展体系，进而形成有利于图书馆发展和运行的"新业态"。

CALIS 筹备建立的"协同采编联盟"积极推动了高校图书馆开展与出版、发行、馆配等图书馆上游机构的合作，通过吸收高校图书馆、出版、发行、馆配等不同行业的机构，打通不同行业之间的互联互通关系，重组采编业务流程，合作建设基于"产业链数据交换"的采编一体化业务协同平台。

三、跨系统合作愈加频繁

跨系统合作是联盟发展的未来方向，无论是全国性的高校图书馆联盟，还是地方性的高校图书馆联盟，都在积极沟通，寻求跨系统的合作和共享。例如，CALIS 于 2012 年完成与国家图书馆、上海图书馆、国家科技图书文献中心（NSTL）、中国高校人文与社会科学文献中心（CASHL）、中美百万图书馆合作计划（CADAL）等国家级公共图书馆和共享机构平台的对接，建成基于全国顶级资源与服务的协同服务平台，突破了"高校图书馆联盟"的局限，接下来高校馆还将通过与各省级图书馆、情报所等机构的合作，向"全国图书情报行业联盟"迈进。另外，CALIS还通过和北美、欧洲、日本、韩国等大学图书馆的合作，建立国际资源共享合作联盟。区域性的图书馆联盟，比如，宁波市数字图书馆、首都图书馆联盟、吉林省图书馆联盟、重庆市科技文献资源共享平台等也属于跨系统的图书馆合作联盟。

四、联盟业务走向精细化

传统的图书馆联盟业务与服务的经营和管理都略显粗放，但随着联盟建设的发展，精细化服务成为联盟业务的建设重点和演进方向。如CALIS全国中心北京大学医学部主导的医学院校联盟以PubMed为基础构建了文献传递服务网，通过抢单形式，将文献传递的平均服务时间缩短到4小时内，有效提升了用户满意度。CASHL也于2015年起开始设立"特藏++"项目，对引进的大型特藏进行内容深度挖掘和服务研究。

第六节　高校图书馆留学生服务工作的未来展望

一、转变服务理念

如今教育在逐渐国际化，同时经济也在全球化，这样一来，对于高校图书馆而言，其在目标上发生了一定的变化，对于今后的图书馆建设而言，不仅是新世纪的"优秀图书馆"的建设，还是慢慢变为了"优秀的研究型大学"的建设。在人才培养上，国家在经济社会发展中需要的高素质专业人才是急需的，同于社会在经济发展过程中也推动了高层次人才的需求。就科研而言，图书馆留学生服务工作是针对于多个地区和国家的，其在文化、经济和政治上所占据的地位是有力的，同时有着一定的影响力。

现在的竞争越来越激烈，要想在文化竞争、经济竞争和科技竞争中占据重要地位，对于各个高校而言，教育的国际化是必不可少的，同时，通过国际化实现对于院校在其研究等多个方面上的发展。这对于图书馆要在21 世纪优秀研究型大学的建设中进行积极参与，同时对于其服务理念要进行转变，保证其思想规划发展是和全球化发展相符合的，实现对服务项目的设计。对于教育国际化而言，图书馆对于留学生的服务是越来越好的。这对于今后的高校图书馆而言，将会面临更多的挑战，因为会有来自不同国家或是不同区域的学生需要知识服务，所以高校图书馆要实现对其服务理念上的重塑，实现对其服务态度上的转变，要对留学生给予一定的关注。

二、克服语言障碍

对于图书馆而言，要尽可能做到对留学生服务上存在的语言障碍进行克服：首先，高校应对留学生进行一定语言学习环境上的提供，比如，可以在图书馆内进行"中文角"等的开设，这对于留学生在语言交流上会有一定的帮助；其次，图书馆可在双语服务水平上进行积极发展，比如，对馆员的英语能力进行培训，对国外的文化进行教学，同时可为馆员争取进行学术交流和出国深造的机会，促进馆员在口语表达和国际化服务水平上进行提升；最后，对于图书馆的建设而言，留学生服务应该是多途径的，比如，对留学生进行使用指南和入馆培训等工作，可以通过学科联络员，学科联络员对不同专业留学生的需求进行了解，同时通过与留学生服务组织进行合作，推出面向留学生的服务项目等。

三、文献资源建设

对于留学生信息服务工作而言，重要的基础和前提就是丰富的文献资源。高校图书馆留学生信息服务工作重点就是要对不同的需求进行了解，从而实现对馆藏文献的信息有针对性的完全和更新。

相关资料是否能在图书馆进行查找，这对于留学生来说，是一个重要的问题。在对于文献资源建设进行全面考虑的同时，图书馆对于留学生这一特殊读者群体在文献上的需求要尽可能满足。一方面，对于不同层次的留学生，他们所需要的文献是不同的，对汉语水平较低的读者来说，图书馆要有针对性地购置一些汉语学习字典，同时还要购置一些中外文对照读物，同时可以进行一些图像类和多媒体类的信息资源的收集；另一方面，对于馆藏量，可以通过多种渠道对其进行扩大，同时如果一些文献通过正常渠道是不能获得的，可以对各院校进行相互借用，从而实现其本馆在文献上的缺失与不足，使图书馆在对留学生的信息提供能力上尽可能的提升。

在进行网络资源的建设时，要对留学生具有的使用特点进行充分考虑，对于馆藏资源和相关文献，要通过网络实现对留学生的及时辅导。除此之外，图书馆要根据留学生本身的信息需求进行图像类或是多媒体类的信息资源的提供，并进行组织和整理，建立留学生专题数据库，同时要保证数据库更新的即时性，并保证留学生的使用便利性。

四、馆员队伍建设

对于留学生而言，他们更希望图书馆馆员在服务素质上有较高水平。在进行留学生服务过程中，图书馆员在外语水平和知识结构，对留学生服务的深度和质量是具有直接影响的。就知识结构而言，这是服务质量提升的重要保证，而语言交流，可以更准确地为留学生进行问题抓取，所以，对于图书馆员而言，在进行对业务水平的提高的同时，对外语水平也要进行掌握，从而实现对国外留学生进行适当交流。对于图书馆来说，有一支在知识结构上足够完整的高素质人才队伍就会实现留学生服务工作水平上的提升。

五、贯彻以人为本

留学生是图书馆服务工作的特殊群体，在对留学生进行服务设计时，要对服务理念进行贯彻，也就是以人为本。

首先，高校图书馆要对以往国内的学生服务经验进行总结，在这一基础之上，再对这两类不同群体进行分析，理清其存在的共性问题和个性问题。共性问题，也就是要对留学生采用的服务模式与国内学生服务是相似的，这类问题比较好解决，而针对留学生服务的个性化问题，图书馆要实现对具体问题的具体分析，对症下药。图书馆要针对这些问题的特点进行总结，找出其与中国学生的不同，对于留学生存在的问题又应该如何进行解决，图书馆可以进行怎样的帮助来实现对留学生使用图书馆的支持。

其次，就是针对留学生，高校图书馆应该进行专门的调研工作的开展，图书馆可以与各院系承担留学生教学任务的教师进行联系与合作，实现多种方式的需求收集，其中包括问卷、实地观察、一对一访谈、焦点小组访谈等，在保证收集到的资料是真实有效的前提下，根据所收集到的资料进行分析，设计出相应的适合留学生服务的项目。

最后，高校图书馆要逐步进行留学生互动和对话等服务机制的建立，保证留学生对于图书馆所提供的优质服务能知晓、能享受。

参 考 文 献

[1]王宇.高校图书馆社会化服务研究[M].北京：中国社会科学出版社，2014.

[2]陈进，李笑野，郭晶.高校图书馆阅读推广案例精编[M].北京：海洋出版社，2017.

[3]戴龙基.文献资源发展政策研究[M].北京：北京大学出版社，2007.

[4]阿弗烈·诺夫·怀海德.教育的目的[M].上海：三联书店，2002.

[5]沈继武，萧希明.文献资源建设[M].武汉：武汉大学出版社，2001.

[6]卡尔·西奥多·雅斯贝尔斯.什么是教育[M].上海：三联书店，1991.

[7]赵雪岩，彭焱."双一流"背景下高校图书馆学科服务的拓展与深化研究[J].图书馆工作与研究，2018(2).

[8]王庆，赵发珍.基于"用户画像"的图书馆资源推荐模式设计与分析[J].现代情报，2018(3).

[9]杨薇，曾丽军.从"快传"(Rapid ILL)和"立借"(Borrow Direct)看馆际互借与文献传递服务体系的发展[J].大学图书馆学报，2018(4).

[10]丛晓波，张宵.大学新生自我适应问题及社会工作介入研究[J].延边大学学报(社会科学版)，2018(3).

[11]冯展君.美国高校"新生共读计划"：对于我国大学生阅读推广活动的基本借鉴[J].高校图书馆工作，2018(2).

[12]孙鹏，王磊.高校图书馆创新发展趋势分析[J].大学图书情报学刊，2018(1).

[13] 李涛. 基于文献计量分析的高校图书馆阅读推广研究[J]. 大学图书情报学刊, 2018(6).

[14] 李斌斌. 高校图书馆阅读推广评价机制的研究[J]. 传播力研究, 2018 (15).

[15] 王波. 图书馆阅读推广的定义、类型、方法：在"图书馆阅读推广理论与实践"专题研讨会上的演讲[J]. 上海高校图书情报工作研究, 2017(1).

[16] 刘丽杰, 范凤霞. 大数据环境下高校图书馆阅读推广策划与实现路径[J]. 西南民族大学学报(人文社科版), 2017(8).

[17] 王聪. 我国高校图书馆阅读推广现状研究[J]. 江苏科技信息, 2017 (16).

[18] 熊玉娟. 浅谈国外高校图书馆阅读推广活动及启示[J]. 丝路视野, 2017(31).

[19] 李珍连. "全息技术"运用于高校图书馆读者服务工作初探[J]. 新世纪图书, 2016(10).

[20] 覃熙. 高校专业阅读推广内涵及实践探讨[J]. 图书馆界, 2016(5).

[21] 李民, 王颖纯, 刘燕权. "211工程"高校图书馆馆藏资源推荐系统调查探析[J]. 图书情报工作, 2016(9).

[22] 田晓银. 创客空间与读者服务工作的延伸[J]. 图书馆理论与实践, 2015(11).

[23] 王波. 阅读推广、图书馆阅读推广的定义：兼论如何认识和学习图书馆时尚阅读推广案例[J]. 图书馆论坛, 2015(10).

[24] 于良芝, 于斌斌. 图书馆阅读推广：询证图书馆学的典型领域[J]. 国家图书馆学刊, 2014(6).

[25] 陈传夫, 钱鸥, 代钎珠. 大数据时代的数字图书馆建设研究[J]. 图书情报工作, 2014(4).

[26] 王小强. 新生入馆教育形式的转变及自助开通借阅权限的实践——以艮暨南大学图书馆为例[J]. 图书馆学研究, 2013(14).

[27]王家莲.图书馆微书评应用前景探析[J].图书馆建设, 2013(1).

[28]张彬.图书馆空间的审美化与阅读环境设计[J].大学图书馆学报, 2012(5).

[29]涂湘波,何平.面向弱势群体服务:高校图书馆社会化服务的拓展点 [J].图书馆研究, 2012(1).

[30]周廷勇,周作宇.高校学生发展影响因素的探索性研究[J].复旦教 育论坛, 2012(3).

[31]郭晓瑞.质量管理原则在高校图书馆文献资源建设中的应用[J].图 书馆建设, 2011(9).

[32]孔国庆.大学生成长评价阶段模式构建[J].国家教育行政学院学报, 2011(6).

[33]宋姬芳.大学图书馆转型背景下学科知识服务能力研究[J].情报杂 志, 2010(10).

[34]管绪,刘玉平.高校图书馆特色文献资源建设浅析[J].图书馆工作 与研究, 2010(8).

[35]郭雁.关于大学图书馆留学生信息服务工作探索[J].商洛学院学报, 2009(5).

[36]曹雪琦.高校图书馆加强文献信息资源建设的举措[J].兰台世界, 2008(11).

[37]吉宇宽.图书采编业务外包风险控制研究[J].情报探索, 2007(3).

[38]孙翠琴.编目工作者关爱读者之我见[J].江西图书馆学刊, 2006(3).

[39]郭明蓉.中外高校图书馆读者服务工作比较研究[J].情报杂志, 2003 (12).

[40]张良图,张智慧.信息时代图书馆读者服务工作的变革[J].图书馆 学研究, 2003(2).

[41]张磊,黄嘉慧.关于图书馆规章制度的思考[J].高校图书馆工作, 2002(6).

[42]林皓明,叶爱芬,杨宗英.上海交通大学数字图书馆雏形设计[J].

上海交通大学学报(哲学社会科学版)，2000(1).

[43]王文保，王晓宏. 高校图书馆应充分发挥其教育职能[J]. 太原师范学院学报(社会科学版)，1992(1).

[44]张晓林. 现代信息革命两大前沿之一：电子出版物[J]. 图书情报工作，1983(5).